시애틀은
우산을 쓰지 않는다

저자 일러두기

1. 출처를 별도로 표기하지 않은 사진은 저자가 찍은 사진이다.

2. 서북미의 지명은 외래어 표기법이 아닌 미국 현지의 발음에 가깝도록 표기했다.

시애틀은
우산을 쓰지 않는다

글 · 사진 김태엽

서문

시애틀에 내리는 비, 짙은 안개, 쭉쭉 뻗은 전나무, 깊고 푸른 호수, 깊게 패인 계곡 그리고 평범해 보이는 산과 들에도 다양한 이야기가 있음에 나는 빠져들었다. 워싱턴주[1] 동부의 황량한 대지에 깊게 패인, 지금은 물이 흐르지 않는, 거대한 폭포의 흔적은 내 인생에서 본 가장 기이한 장면 중 하나다. 이런 자연을 보면 볼수록 자연에 새겨진 이야기에 대한 앎의 갈증이 생겨났다.

시애틀과 서북미에서 생산되는 커피, 사과, 체리, 와인 등은 이런 대자연의 풍요로운 혜택과 깊은 연관성이 있다. 자연을 알고 나면 비로소 시애틀의 커피, 워싱턴주의 체리, 오리건주의 피노누아 와인, 아이다호주의 감자를 이해할 수 있다.

풍요롭고 너그러운 대자연이 주는 혜택을 받고 자라난 사람들은 생각도 다양하고 자유롭다. 규제와 속박, 차별과 획일성에는 단호하게 저항한다. 자연을 알게 되면 또한 서북미 사람들의 생각, 문화, 예술을 이해할 수 있다. 서부미의 자연과 작물, 자연과 자유의 정신은 밀접하게 연결돼 있다.

자연에서 배운 것은 가치로 환산할 수 없는 나의 소중한 자산이 됐다. 그래서 더더욱 시애틀과 서북미의 참모습을 제대로 공유하고 싶은 생각이 들었다. 초등학생 때부터 지도 보기를 좋아했던 나는 해외 출장을 갈 때 꼭 카메라를 챙겼다.

....

1 워싱턴주는 미국 본토 서북단의 시애틀과 주도인 올림피아가 있는 곳으로 미국의 수도인 워싱턴 D.C.와는 구별된다. 그래서 미국 수도인 워싱턴 D.C.를 지칭할 때는 '디시 D.C.'라고 부르기도 한다.

지금 생각하면 항상 새로운 것을 본다는 것에 흥미를 느꼈던 것 같다. 수많은 출장에서 보고 들은 것들이 내 머릿속에 축적되었고 서북미에서 대자연을 보고 재레드 다이아몬드Jared Diamond 교수의 역작인 『총, 균, 쇠』를 읽고 지리에 빠져든 나는 내 경험을 글로 표현해 보고 싶은 욕심을 갖게 됐다.

나는 지리학자나 지질학자가 아니므로 이 책의 내용은 일반 독자들이 읽기에 어려움은 없을 것이나 전문지식 면에서 부족한 점은 많으리라 생각된다. 이 글은 4년 2개월의 주재 생활과 이후 틈틈이 서북미를 방문하면서 보고 듣고 느낀 것들의 기록이다. 그저 시애틀과 서북미를 사랑하는 내 마음이 담긴 것으로 이해해 주시면 좋겠다.

2018년 초 3인[2]의 공저로 출간된 『시애틀 이야기』 중 내가 맡았던 첫 번째 파트는 서북미에 거주하는 동포들을 주 독자로 삼아 썼지만, 이번 글은 서북미 동포는 물론 한국에서 서북미로 여행가시는 분들이나 시애틀과 서북미에 관심이 있는 분들과 나의 경험을 공유하기 위한 목적으로 썼다. 글의 일부에서는 서북미와 비견되는 우리나라의 멋진 자연과 지리에 대한 내용도 있으니 꼭 서북미에 가지 않더라도 서북미와 비교할 수 있는 우리 자연의 아름다움과 멋도 느낄 수 있으리라 본다.

『시애틀 이야기』에서 나는 한정된 지면으로 하고 싶은 이야기를 다하지 못한 아쉬움에 기회가 된다면 한 권의 책으로 시애틀과 서북미에 관한 이야기를 다시 쓰고 싶었는데 마침내 많은 분들의 도움으로 이 책이 나올 수 있었다. 내가 어디

----

2 공저자는 현 주코스타리카 윤찬식 대사(주시애틀 대한민국 총영사관 외교영사 역임)와 시애틀 한국일보 편집국장 겸 인터넷 뉴스 시애틀N의 공동창업자인 황양준이다.

로 향하건 말없이 응원해 준 가족과 많은 여행에서 나와 기꺼이 동행해 주고 조언과 지원을 아끼지 않은 시애틀의 강한주 선배, 그리고 이 책이 나오기까지 나에게 많은 이야기를 들려주고 영감을 주신 서북미의 동포 여러분께 감사의 말씀을 드린다.

아울러 지리와 여행에 대한 나의 열망이 실현될 수 있었던 것은 30년 가까이 셀 수 없을 만큼 다녔던 해외 출장에서 보고 듣고 공부하고 축적한 것들이 밑바탕에 깔려 있음에 가능했던 것이다. 회사 초년병 시절부터 전 세계로 수많은 해외 출장의 기회가 있었고, 세 번의 해외 생활과 국제 업무 등의 해외 관련 업무는 무한한 호기심과 탐구심을 갖는 계기가 됐다. 나에게 많은 기회를 준 아시아나항공에 마음 깊이 고마움 가득하다.

끝으로 이 책이 나오기까지 인내심을 갖고 나에게 격려와 조언을 해 주신 한언 출판사에게 깊은 감사의 말씀을 올린다.

2020년 11월
김태엽

시애틀 공항에 착륙하기 전 시애틀 상공에서 본 워싱턴 호수의 플로팅 브리지Floating Bridge
머서Mercer 아일랜드 벨뷰Bellevue 그리고 멀리 캐스케이드Cascade 산맥의 연봉

차례

만년설로 덮인 오리건주의 상징인 후드산 Mount Hood(3,249미터).
멀리서 보면 고깔모자를 쓴 것 같아 '후드'라고 이름이 붙여졌다.

제
1
장

시애틀과
서북미의 탄생

지리를 알면
스토리가 보인다

캘리포니아 대학교의 재레드 다이아몬드 교수는 그의 역작인 『총, 균, 쇠』에서 인류 사회의 다양한 운명의 갈림길을 명쾌하게 설명한다. 유산자와 무산자, 식량 생산민과 수렵 채집민, 지배하는 문명과 지배받는 문명 등 대륙 간에 인류의 문화와 기술이 전달되는 데 차이가 있었던 것은 지리적 환경이 결정적인 역할을 했다고 한다. 물론 민족마다 차이는 있겠지만, 어느 민족이 특별히 잘나서 일찍이 문명을 이루었거나 못나서 수렵 채집 생활을 했거나 현재도 하고 있는 것은 아니라고 그는 말한다. 그는 단적인 예로 호주의 원주민인 애보리진Aborigine을 든다. 수렵 채집 생활을 하는 애보리진도 과거 농경과 정착 생활을 수차 시도해 봤지만 지리적 여건이나 기후 환경상 농경 정착 생활보다는 수렵 채집 생활이 생존에 더 적합하다는 결정을 내리고 현재에 이르고 있다는 것이다.

서북미의 독특한 자연환경을 접하면서 나는 이 지역이 어디서 언제 어떻게 생성되었으며 무엇을 만들었는지를 알고 여행을 한다면 그 여행의 즐거움은 몇 배로 다가올 것이라 생각한다. 특히 워싱턴주의 기후대는 서쪽 지역부터 온대 우림, 서안 해양성, 고산 및 스텝 기후로 다양하게 변화하며, 지리적으로는 올림픽 반도와 캐스케이드 산맥Cascade Range의 고산 지대, 화산암 지대, 빙하 지형, 빙하기 말 대홍수로 인한 침식과 퇴적 지형 등 전 세계에서 가장 다양하고 역동적인 지리와 지질적 모습을 간직하고 있다.[3] 이런 독특한 지리적 환경에 의해 형성된

3 Julie H. Case, "Fire & Ice", Washington State Wine, 2015 Tour Guide

다양한 것을 보고 경험할 수 있다는 것이 어렸을 적 지리학자를 꿈꾸었던 나에게 크나큰 설렘으로 다가왔다.

사람들은 시애틀에 비가 많이 온다고 생각한다. 과연 비가 그렇게 많이 오는 것이 맞는 것일까? 비가 온다는 사실은 성가심이 아니라 커다란 축복이다. 편견 에서 벗어나 왜 비가 많이 오는지 그로 인해 어떤 영향이 있는지 약간의 관심과 호기심을 가져 본다면 여러분은 신선한 충격과 반전을 맛보게 될 것이다.

유홍준 교수는 "인간은 아는 만큼 느낄 뿐이며, 느낀 만큼 보인다"라고 했고 또 "사랑하면 알게 되고, 알면 보이나니, 그때 보이는 것은 전과 같지 않으리라"라고 했다.[4] 나는 전에 가 봤던 곳을 다시 가기도 한다. 두 번째, 세 번째 갔을 때는 그 전과는 다른 새로운 것이 눈에 들어오고 다른 느낌을 받기도 한다. 난 진실로 이 말을 실감한다. 아름다운 자연을 보면서 "와" 하고 탄성만 지르지 말고 "왜" 또는 "어떻게"라는 의문을 한 번쯤은 가져 보자. 워싱턴주 동부 구릉에 흩뿌려져 있는 바위들과 시애틀 웨지우드 지역에 있는 집채만 한 바위, 벨뷰 쿠거 마운틴Cougar Mountain의 바위들을 보고 어떻게 여기까지 왔을까 또는 왜 홀로 서 있을까 하는 생각이 든다면 여러분의 여행은 이미 1만 년 전으로 거슬러 올라가는 짜릿함을 맛볼 수 있을 것이다.

. . . .

4   유홍준, 『나의 문화유산답사기』 1권, 창비, 2011

워싱턴주의 상징인 레이니어산Mount Rainier(4,392미터)과 리플렉션 호수Reflection Lakes

서북미 지리의 탄생

서북미라고 칭할 때에는 보통 워싱턴, 오리건, 아이다호, 몬태나 그리고 와이오밍주 등 미국 5개 주가 이에 속한다. 좀 더 넓게 보면 태평양 쪽의 캐나다 영토를 절반 가까이 가로막으며 남으로 쭉 내려온 땅인 알래스카의 동남부도 서북미에 속한다. 또 자주 쓰이는 용어로 퍼시픽 노스웨스트 Pacific Northwest가 있는데 이는 로키 산맥 Rocky Mountains의 서부인 브리티쉬 컬럼비아, 워싱턴, 오리건, 아이다호주를 포함하고 넓은 의미로는 알래스카의 동남부, 캐나다의 유콘, 몬태나 서부, 와이오밍주의 일부와 북부 캘리포니아주까지 포함한다. 서북미와 퍼시픽 노스웨스트라는 칭호는 지리학적인 구분일 뿐이며 공식적으로 인정된 명칭이 아니라는 것을 말씀드린다.

따라서 알래스카 동남부만이 서북미에 속한다고 볼 수도 있지만, 여기서는 짧게나마 알래스카 전체를 다루고 있는데 그 이유는 알래스카가 내 업무 영역에 포함되어있고 또한 알래스카가 시애틀과 밀접하게 연결돼 있기 때문이다. 한국에서 알래스카를 방문한다면 대개는 시애틀을 경유한다. 알래스카와 시애틀 간은 항공편이 제일 많고 지리적으로도 최단거리이기 때문이다. 그래서 알래스카항공의 본사가 시애틀 타코마공항이 있는 시택 Seatac시에 자리잡고 있다. 또한 캘리포니아 북부에 있는 레드우드 국립공원이 이 책에 포함된 것은 이 지역이 퍼시픽 노스웨스트에 속하기도 하거니와 시애틀이나 포틀랜드를 출발한 여행자가 어렵지 않게 갈 수 있는 지역이기 때문이다.

서북미에서 가장 쉽게 접할 수 있고 알아 두면 여행할 때 많은 도움이 되는 지리적 및 지질학적인 환경으로 네 가지가 있다.

　　첫째, 후안 데 푸카Juan de Fuca판과 북아메리카판의 충돌로 생긴 조산 운동과 그에 따른 화산 활동으로 인한 고원, 산맥의 형성이다. 1,700만 년 전 화산 활동에 의해 워싱턴주 동부, 아이다호주 서부, 컬럼비아강 양안 및 오리건주 동북부 지역에 화산암 지역이 형성되었고 다시 해안 산맥Coast Ranges, 캐스케이드 산맥 그리고 로키 산맥이 우뚝 솟아올랐다. 화산 폭발로 이루어진 위 지역의 고원은 약 3.2킬로미터 두께의 현무암으로 구성돼 있다. 이곳의 용암류는 계곡이었던 곳을 채우고 산악 지형을 검은 화산암으로 평탄하게 다지며 옛 경관을 뒤덮었다. 이에 따라 컬럼비아강은 주로 이 현무암의 가장자리를 따라 새롭게 형성되었으며, 다시 화산암을 깎아 내면서 깊은 계곡을 따라 장엄한 경관을 형성했다.[5]

　　둘째, 빙하가 만든 다양한 지형으로 날카롭게 솟아 있는 산, U자 모양의 골짜기인 빙식곡, 빙하호 그리고 빙하가 골짜기를 깎으면서 운반해 온 암석, 자갈, 토사 등의 퇴적물로 이루어진 빙퇴석이 있다.

　　셋째, 빙하기 말 대홍수가 만든 침식과 퇴적 지형을 들 수 있다. 워싱턴주 동부 지명에 나오는 홍수로 인한 침식 지형을 의미하는 직각 형태의 물길인 쿨리Coulee[6], 침식 지형의 가장자리 절벽인 팰리세이드Palisade[7] 등을 들 수 있다. 워싱턴

5　리처드 포티, 『살아 있는 지구의 역사』, 까치, 2005
6　쿨리의 가장자리는 주상절리라는 화산암으로 이뤄져 있다. 지표로 나온 용암은 급격히 식어 부피가 줄어들고 움츠러드는데 그 중심을 기준으로 표면은 육각형 또는 그와 비슷한 다각형이 되고, 그러한 수축이 아래쪽으로 진행돼 돌기둥 형태의 기둥이 만들어지는데 이것을 주상절리라 한다. 육각형 모양으로 각각 굳기 때문에 주상절리 사이마다 공간이 있어 홍수가 휩쓸고 지나갈 때 쉽게 깎여 나간다. 그래서 남아 있는 주상절리대가 직각 형태로 벽처럼 보인다.
7　물이 지나간 가장자리의 벽을 의미하기도 하지만, 방어용이나 경계 표시용으로 쓰기 위한 나무 말뚝이

주에는 그랜드 쿨리Grand Coulee, 쿨리 시티Coulee City, 쿨리 댐Coulee Dam, 쿨리 크릭 Coulee Creek, 프렌치맨 쿨리Frenchman Coulee 등 쿨리가 들어가는 지명이 많다. 시애 틀 유니언 호숫가에 팰리세이드라는 유명한 식당이 있는데 그 식당 정면에는 절 벽이 있다. 그 절벽의 모습을 보고 식당 이름을 짓지 않았을까 생각해 본다. 웨나 치Wenatchee 인근 침식 지형에도 팰리세이드란 지명이 있다.

넷째, 해안 침식 지형을 들 수 있다. 캘리포니아뿐만 아니라 서북미 해안은 대 부분 절벽을 이루고 있다. 이러한 지형으로 해안 절벽인 해식애, 오리건주 바다사 자 동굴Sea Lion Caves과 같은 해식 동굴, 캐논 비치Cannon Beach의 명물인 헤이스택 바위Haystack Rock, 밴든의 페이스 바위Face Rock와 같은 침식 잔류 지형물 등을 들 수 있다.

이러한 지리적 환경 중에서 위 첫 번째의 산맥으로 인해 지역별 강우량의 차이 가 생겼고 두 번째의 빙하가 빙하기 말기에 세 번째의 대홍수를 일으켰으며, 이 세 가지의 영향인 강우량, 기온과 홍수로 인한 퇴적 토양이 복합적으로 작용해 사 과, 체리, 포도, 알팔파 등 작물 재배에 큰 영향을 미치고 있다. 이로 인해 워싱턴 주는 미 최대의 체리 생산 지역이 되었으며, 캘리포니아주에 비해 양은 적지만 질 좋은 와인을 생산하고 있다.

....

나 나무줄기로 만든 울타리, 벽을 뜻하기도 한다. 그래서 자연의 벽인 팰리세이드를 멀리서 보면 마치 목책처럼 보인다.

올림픽 반도에서 바라본 후안 데 푸카 해협. 그 건너편은 캐나다령 밴쿠버섬이다.

동북부 오리건주에 있는 존 데이 화석 지대John Day Fossil Beds 중 클라르노 유니트Clarno Unit 의 화산암. 이 화산암 중에는 나무 등 식물 화석이 있는 것도 볼 수 있다.

존 데이 화석 지대의 하나인 페인티드 힐스 유니트Painted Hills Unit

페인트를 칠한 것처럼 보이는 이 언덕들은 과거 여러 번의 화산 폭발과 변화된 기후로 인해 형성되었으며 여러 광물질과 식물 잔해가 부식되고 굳어져서 지금과 같은 다채로운 색상을 갖게 되었다.

다양한 기후대가 공존하는 곳

　서안 해양성 기후대인 시애틀은 여름 3~4개월을 제외하면 비가 자주 내린다. 구름대가 서부 캐스케이드 산맥에 걸려 비를 뿌리기 때문이다. 캐스케이드 산맥을 넘어서면 건조한 스텝 지역이 펼쳐진다. 그러나 캐스케이드 산맥 서부보다 비가 더 많이 오는 곳이 바로 올림픽 국립공원 서쪽이다. 올림픽 국립공원 서부는 연간 강우량이 약 6,000밀리미터에 달한다. 시애틀 등 캐스케이드 산맥 서부 지역의 연간 강우량이 약 1,000밀리미터인 것에 비하면 엄청난 양이다. 캐스케이드 동부 스텝 지역은 연간 강우량이 250밀리미터밖에 되지 않는다.

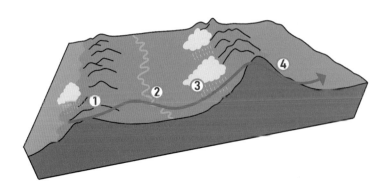

워싱턴주 지형과 강우도. ①번은 해안산맥으로 산맥의 서쪽이 온대 우림 지역, ②번은 퓨짓 사운드를 사이에 두고 시애틀 등 도시가 형성돼 있는 서안 해양성 기후 지역, ③번은 캐스케이드 산맥 서쪽의 강우 지역, ④번은 풀과 관목만이 자라는 스텝 기후 지역

시애틀에서는 내해인 퓨짓 사운드Puget Sound[8] 바다 건너 올림픽 국립공원 서부에 걸쳐 있는 구름대가, 캐스케이드 산맥 동부에서는 산맥 서부에 구름대가 형성돼 있는 장관을 자주 볼 수 있다. 바다와 산맥 너머 맑은 지역의 동쪽에서 이런 구름대를 보고 있노라면 비구름대를 막고 서 있는 남북으로 쭉 뻗은 늠름한 산들이 그토록 고마울 수가 없다. 특히 외출할 때나 운동할 때는 더욱 그렇다. 그래서 어떤 이들은 골프장에서 비를 맞았다고 하고 또 다른 이들은 비 한 방울 맞지 않았다고 하는 일이 생기기도 한다. 사람들은 겨울 우기에 퓨짓 사운드 건너편에 있는 올림픽 반도의 골드 마운틴 골프장의 페어웨이가 가장 건조하다고 하는데 내 경험으로는 오히려 캐스케이드 산맥으로 들어가 있는 웅장한 마운트 사이Mt. Si(1,270미터) 아래 위치한 마운트 사이 골프장이 가장 건조하다고 생각한다. 빙하에 밀려온 자갈이 골프장 밑바닥에 많이 깔려 있어 배수가 잘되는 것이 아닐까 하는 게 내 판단이다.

　어려서부터 지리를 좋아했던 나는 지금도 세계 어디를 가든 그 지역의 지도를 사 모은다. 그런데 학창 시절 사회 과목에서 열대 우림Tropical rainforest은 배웠어도 온대 우림Temperate rainforest은 들어본 적이 없었다. 한국이나 미국 지리책을 아무리 봐도 온대 우림은 표시돼 있지 않다. 그도 그럴 것이 온대 우림은 지구 면적의 0.2퍼센트 밖에 되지 않기 때문에 아예 서안 해양성 기후대로 표시돼 있다. 이 온대 우림 기후대가 워싱턴주에 있는데 올림픽 국립공원 서쪽에 있는 호 레인 포레스트Hoh Rain Forest 지역이 바로 그곳이다. 비는 고지대에서 빙하를 만들고 저지대에서는 우림을 만든다. 그래서 시애틀에서는 사시사철 올림픽 국립공원 연봉의 빙하를 볼 수 있다. 올림픽 국립공원의 온대 우림은 이끼류 등 독특한 기후와 환경을 갖고 있어 캐서린 하드윅Catherine Hardwicke 감독은 영화 〈트와일라잇〉을 여기

....
8　육지에 둘러싸여 호수처럼 잔잔한 바다를 사운드Sound라 부른다. 그래서 시애틀 프로 축구팀 이름이 사운더스Sounders다. 알래스카에도 프린스 윌리엄 사운드Prince William Sound가 있다.

캐스케이드 산맥 동부에 있는 눈 덮인 웨나치Wenatchee 지역

서 촬영하기도 했다.

이곳 올림픽 국립공원 서쪽의 온대 우림 말고도 서북미에는 또 다른 온대 우림 지역이 있다. 캐나다 밴쿠버섬 이북의 캐나다 본토 내륙부터 알래스카주 미국 영토 경계까지 펼쳐져 있는 그레이트 베어 레인포레스트Great Bear Rainforest 지역과 그 북쪽의 미국령인 통가스Tongaas 온대 우림 지역이다. 이 두 지역이 세계 최대의 온대 우림 지역이다. 실제로 이곳을 가보지 못한 나는 어느 겨울, 시애틀에서 캐나다 서부 해안을 지나가는 비행기 안에서 흰 눈으로 덮인 캐나다 해안과 산맥 사이에 눈에 띄게 녹색으로 뒤덮인 지역을 볼 수 있었는데 그 녹색 지역이 바로 캐나다의 온대 우림 지역이다.

이 두 곳 말고도 세계적으로 유명한 온대 우림 지역이 뉴질랜드 남섬의 남서부에 있는 밀퍼드 사운드Milford Sound인데 연간 강우량은 약 6,400밀리미터에 달한다. 온대 우림 지역의 나무들은 겨울에도 생장을 멈추지 않기 때문에 다른 지역의 나무에 비해 굵고 높이 자란다. 사시사철 젖어 있기 때문에 산불도 잘 일어나지 않아 천 년 이상 제 수명을 다하는 나무가 많다. 습한 온대 우림 지역을 걷노라면 나뭇가지에 걸려 있는 이끼류들로 인해 음침하고 으스스한 기분이 들기도 한다. 하지만 수많은 생물이 서식하고 개중엔 아직 이름도 밝혀지지 않은 곤충도 있다고 하니 건강한 생태계의 보고임은 틀림이 없다.

‥ 올림픽 국립공원 내 호 레인 포레스트에서 번창하는 이끼류는 그 자체로 장관을 이룬다.

‥ 워싱턴주 온대 우림 지역인 루비 비치Ruby Beach. 이곳 서부 해안은 원시 지구의 모습을 간직하고 있다고 평가된다.

웅장한 마운트 사이 아래로 펼쳐진 마운트 사이 골프장

빙하 지형 위에 세워진 시애틀

시애틀은 과거 빙하가 있었던 곳이다. 퓨짓 사운드는 그러한 빙하의 흔적이다. 북미 대륙에 형성된 빙하는 서북미에서는 퓨짓 사운드 지역으로 가장 많이 남하했었다. 퓨짓 사운드 외에 시애틀 인근에 있는 후드 커낼, 워싱턴호, 사마미쉬호 등은 모두 빙하가 토양을 깎고 지나간 흔적이다.

빙하가 형성되기 전 서북미는 주로 화산 폭발에 의한 용암 지대가 형성돼 있었다. 워싱턴주는 캐스케이드 동부 지역, 오리건주는 캐스케이드 동북 지역과 컬럼비아강 양안 지역, 아이다호주 서부 지역이 여기에 속한다. 워싱턴주 동부로 가다보면 용암으로 형성된 바위를 많이 볼 수 있다.

여기에 워싱턴, 아이다호 및 몬태나 3개 주의 북부 지역은 추가로 빙하에 의한 침식이 있었고, 이후 빙하기 말 대홍수로 인해 빙하가 있던 지역의 남부, 즉 워싱턴주 동남부, 오리건주 서부의 윌라멧 계곡Willamette Valley 그리고 컬럼비아강 양안은 침식과 퇴적으로 인한 지형을 형성하게 됐다.

지금도 서북미에서는 빙하를 쉽게 볼 수 있다. 빙하는 말 그대로 어마어마한 두께의 얼음 덩어리가 강처럼 흘러가는 것이다. 올림픽 국립공원, 노스 캐스케이드 국립공원, 레이니어 국립공원, 글레이셔 국립공원 그리고 알래스카와 캐나다 로키 산맥에서 볼 수 있다. 이 빙하가 서북미 4개 주 지형 형성에 많은 역할을 했다. 워싱턴주와 오리건주를 가르는 컬럼비아강은 글레이셔 국립공원에서 발원한다.

몬태나에서 발원해 아이다호를 거쳐 워싱턴주 동부와 다시 워싱턴주와 오리건주의 경계를 지나던 강은 빙하가 남하하면서 큰 변화를 겪게 됐다. 지금의 미국과 캐나다 국경 지역의 빙하는 당시 두께가 1.6킬로미터에 달할 정도였다. 눈이 가장 많이 쌓였던 캐나다 동북부 허드슨만의 경우, 얼음이 3킬로미터 두께로 쌓였으며 어찌나 무거웠던지 제 무게를 이기지 못하고 하루에 몇 센티미터씩 남으로 흘러내려 갔다.[9] 북미 최고봉 디날리산이 있는 알래스카주 디날리 국립공원 상공을 비행기에서 보면 빙하가 마치 강처럼 돌고 돌아 흘러내리는 장관을 볼 수 있다.

그래서 시애틀 지역은 빙하로 인한 퇴적물로 지반이 단단하지 못해 지하철이 아닌 지상철을 운영한다. 또 호수 바닥에 교각을 세울 수가 없어 1963년 세계 최초로 플로팅 브리지Floating bridge를 설치했는데 520 도로(시애틀 워싱턴대학 부근과 레드몬드 간)에 설치된 에버그린 포인트 플로팅 브리지Evergreen Point Floating Bridge가 그것이다. 쉽게 '520 브리지'라고 부른다. 워싱턴호에는 주간 프리웨이인 I-90에 또 다른 플로팅 브리지(시애틀 도심과 벨뷰 간)가 있다.

9　제리 데니스, 『위대한 호수』, 글항아리, 2019

빙하에 깎인 퓨짓 사운드에 자리 잡은 시애틀 전경

아래쪽 시애틀과 위쪽 벨뷰 사이에 있는 워싱턴호. 중간에 있는 긴 섬이 머서 아일랜드다.

시애틀의 케리 공원Kerry Park에서 바라본 시애틀 도심과 퓨짓 사운드.
멀리 레이니어산이 보인다

제
2
장

시애틀은
자유다

하늘과 땅의 온기를 사다

　서북미의 최대 도시인 시애틀은 1881년 백인들이 현재의 시애틀 다운타운에서 퓨짓 사운드 바다 건너편에 있는 알카이 포인트에 처음 도시를 세우면서 탄생했다. 시애틀은 서쪽으로 잔잔한 퓨짓 사운드 바다와 그 너머 올림픽 반도의 사시사철 눈덮인 연봉들이 있고 동쪽으로는 워싱턴호와 그 너머 캐스케이드산맥이 있는 보기만 해도 감탄사가 절로 나오는 물과 산으로 둘러싸인 언덕 위에 자리 잡은 아름다운 도시다.

　시애틀은 미국의 이국적이고 좀 외진 도시의 이미지를 발산한다. 여행자들이 서부 캐나다나 알래스카를 여행할 때, 또는 인부들이 알래스카의 어장이나 광산으로 가는 길에 들르는 곳이기도 하다. 시애틀은 동부 연안의 도시 같은 허식과 화려함은 없다. 많은 세대가 재목 벌채와 판재 산업에 종사하였던 곳이다. 노르웨이와 스웨덴 이민자들의 영향을 받은 시애틀 사람들은 예의 바르고 가식이 없다.[10]

　시애틀의 탄생을 애기할 때 빼놓을 수 없는 인물이 있다. 바로 시애틀 추장이다. 시애틀이라는 이름은 백인 정착자들과 친구가 되었던 원주민 두와미시Duwamish 부족의 추장인 실스Sealth(1786~1866년)의 이름을 따서 지어진 것이다. 실스 추장은 땅을 팔라는 미국 대통령의 요구에 현명한 답신을 보낸 것으로 유명한 인물이다. 그는 땅을 팔지 않으면 결국 백인들이 총을 갖고 쳐들어올 것을 알았다. 그의 편지

10　하워드 슐츠·도리 존스 양, 『스타벅스-커피 한잔에 담긴 성공신화』, 홍순명 옮김, 김영사, 1999

가 진실인지 가짜인지는 중요하지 않다. 그 편지는 원주민들의 생각을 나타내는 것임에는 분명하고 이는 땅에 집착하고 자연을 파괴하는 현 시대인에 대한 준엄한 꾸짖음으로 다가오기 때문이다. 이 편지 내용을 통해 자연과 인간을 동일시하는 원주민들의 삶의 태도를 엿볼 수 있는데 그중에서 가슴을 뭉클하게 만드는 몇 구절만 소개해 본다.

"그대들은 어떻게 저 하늘이나 땅의 온기를 사고 팔 수 있는가? 우리로서는 이상한 일이다. 공기의 신선함과 반짝이는 물을 우리가 소유하고 있지도 않은데 어떻게 그것을 팔 수 있다는 말인가?"

"우리는 땅의 한 부분이고 땅은 우리의 한 부분이다. 향기로운 꽃은 우리의 자매이다. 사슴, 말, 독수리, 이들은 우리의 형제들이다. 바위산 꼭대기, 풀의 수액, 조랑말과 인간의 체온 모두가 한 가족이다."

"개울과 강을 흐르는 이 반짝이는 물은 그저 물이 아니라 우리 조상들의 피다. 만약 우리가 이 땅을 팔 경우에는 이 땅이 거룩한 것이라는 걸 기억해 달라. 거룩할 뿐만 아니라, 호수의 맑은 물속에 비추인 신령스러운 모습들 하나하나가 우리네 삶의 일들과 기억들을 이야기해 주고 있음을 아이들에게 가르쳐야 한다. 물결의 속삭임은 우리 아버지의 아버지가 내는 목소리이다. 강은 우리의 형제이고 우리의 갈증을 풀어 준다. 카누를 날라 주고 자식들을 길러 준다"

"우리는 연못 위를 쏜살같이 달려가는 부드러운 바람소리와 한낮의 비에 씻긴 바람이 머금은 소나무 내음을 사랑한다. 만물이 숨결을 나누고 있으므로 공기는 우리에게 소중한 것이다. 짐승들, 나무들, 그리고 인간은 같은 숨결을 나누고 산다."

"우리의 할아버지에게 첫 숨결을 베풀어 준 바람은 그의 마지막 한숨도 받아 준다. 바람은 또한 우리의 아이들에게 생명의 기운을 준다. 우리가 우리 땅을 팔게 되더라도 그것을 잘 간수해서 백인들도 들꽃들로 향기로워진 바람을 맛볼 수 있는 신성한 곳으로 만들어야 한다."

"우리가 우리 아이들에게 가르친 것을 그대들의 아이들에게도 가르치라. 땅은 우리 어머니라고. 땅 위에 닥친 일은 그땅의 아들들에게도 닥칠 것이니, 그들이 땅에다 침을 뱉으면 그것은 곧 자신에게 침을 뱉는 것과 같다. 땅이 인간에게 속하는 것이 아니라 인간이 땅에 속하는 것임을 우리는 알고 있다."

"우리가 이 땅에서 사라지고 그가 다만 초원을 가로질러 흐르는 구름의 그림자처럼 희미하게 기억될 때도, 기슭과 숲들은 여전히 내 백성의 영혼을 간직하고 있을 것이다. 새로 태어난 아이가 어머니의 심장과 고동을 사랑하듯이 그들이 이 땅을 사랑하기 때문이다. 그러므로 우리가 땅을 팔더라도 우리가 사랑했듯이 이 땅을 사랑해 달라. 우리가 돌본 것처럼 이 땅을 돌봐 달라. 온 마음을 다해서 그대들의 아이들을 위해 이 땅을 지키고 사랑해 달라."

원주민들의 이러한 생각이 바로 애니미즘인데, 이는 동식물, 장소의 모든 사물과 자연 현상이 의식과 감정을 갖고 있으며 인간과 소통할 수 있다는 믿음이다. 그들의 주변에 있는 바위, 나무, 강물, 동물에게도 정령이 있고 무형의 실체로서 사람의 영혼, 천사, 악마, 요정이라는 존재도 이에 해당된다.

실스 추장의 편지를 읽다가 문득 미국인 말로 모건이 쓴 책『무탄트 메시지』가 생각났다. 이 책은 오래전 나의 아버지가 돌아가셨을 때 어렸을 적 아버지와 함께 했던 추억을 생각하며 한없이 슬퍼하는 나를 위로하려 작은누나가 건넨 책이었

이사콰 다운타운에 있는 토템상

다. 나는 이 책을 통해 인간과 자연은 하나이므로 아버지는 돌아가신 것이 아니라 내 주변 어디에든 계시는 것이라는 생각을 하며 위안을 받았었다. 실스 추장이 썼던 것처럼 개울과 강에 흐르는 반짝이는 물은 아버지와 어머니의 피고, 물결의 속삭임은 아버지와 어머니의 목소리며, 기슭과 숲은 여전히 아버지와 어머니의 영혼을 간직하고 있을 것이다.

『무탄트 메시지』는 의사였던 모건이 원주민인 애보리진과 함께 호주 대륙의 사막을 건너며 보낸 석 달간의 기록인데 자연 속에서 살아가는 원주민들이 어떤 정신세계와 생활 방식을 갖고 있는지를 알 수 있게 해 준다. 수만 년을 살아온 그들의 땅에 어느 날 백인들이 들어왔다. 그들은 땅을 빼앗고 숲을 태우고 강을 더럽히고 사람과 동물들을 죽였다. 원주민들은 할 말을 잃었다. 그들에게 외지인은 원래 인간과 다른 돌연변이 즉, 무탄트로 보였기 때문이다.

시애틀 다운타운에서 바라본 퓨짓 사운드와 그 건너 알카이 해변

그녀의 길동무가 된 원주민들은 걷고 있는 대지에 대해 자주 이야기했다. 그들은 그 땅이 우리보다 앞서간 조상들의 유골이라는 점을 말했다. 세상의 만물은 죽어서 없어지는 것이 아니라 다른 것으로 변화할 뿐이라고 했다. 그들이 지구를 떠나는 이유는 언제부턴가 땅은 뜨거워지고, 비는 내리지 않고, 동식물이 줄어 먹을 것이 없어졌으며, 인간이 자연을 망쳤기 때문이다. 후손들에게 고통을 남길 수는 없으므로 더 이상 인간의 대를 잇지 않겠다는 것이었다. 자연과 하나였던 그들에게는 땅의 영혼을 배반한 죄책감이 컸을 것이다.

그들이 보기에 우리는 모두 돌연변이들이다. 안락함에 젖은 우리는 문명의 이기들을 버리기에는 너무 멀리 왔다. 이제는 심지어 과거의 사치품마저 필수품이 돼 버렸다. 콘크리트로 지은 아파트에 익숙하며 예년보다 더 춥거나 열대야가 오면 견디기 어렵다고 난리가 난다. 기후는 늘 변화하기 마련이지만 우리가 악화되는 기후에 일조하지는 않았을까 자책해 본다. 비닐 봉지, 플라스틱 통, 과도한 포장지를 버릴 때면 왠지 미안한 느낌이 든다. 우리는 후손들에게 제대로 숨쉬고 살 수 있는 세상을 물려줄 수 있을까? 모자와 선글라스 없이 햇살과 바람을 온몸에 받고, 신발을 벗고 흙을 느껴 보며, 우산을 접고 비를 실컷 맞을 수 있었던 그런 자연이 그립다.

폭설이 내린 직후 벨뷰에서 바라본 워싱턴호 너머 시애틀과 올림픽 반도의 연봉

시애틀의 알카이 해변

시애틀의 비, 그래서 더 좋은 커피

산과 나무가 많은 워싱턴주는 에버그린 스테이트Evergreen State로 불린다. 워싱턴주의 차량 번호판에도 에버그린 스테이트라 써 있다. 시애틀은 별칭이 많다. 바다와 호수로 둘러싸여 있어서 에머랄드 도시라고도 불리며 커피의 도시, 비의 도시로도 불린다. 서안 해양성 기후대인 시애틀 지역이 연중 강우량은 미 동부보다 적지만 사람들은 시애틀에 비가 더 온다고 생각한다. 실제로 워싱턴 D.C., 뉴욕, 애틀랜타, 휴스턴 등에 비가 더 온다. 워싱턴주는 강우량 순위에서 미국 50개 주 중 44번째로 타 주에 비해 결코 강우량이 많지 않다. 비가 오거나 구름끼는 날이 연평균 227일로 낮은 구름대에서 비를 흩뿌리거나 안개처럼 비가 내리는 날이 훨씬 많기 때문이다. 이렇게 비가 보슬비처럼 오기 때문에 시애틀 사람들은 비가 와도 우산을 쓰지 않는다. 사람들은 우산을 싫어한다. 그래서 시애틀 사람들은 후드가 달린 방수 옷을 자주 입는다. 건물에 들어갈 때 탁탁 털고 들어가면 그만이기 때문이다. 보슬비에 우산을 쓴다면 시애틀 사람들은 당신을 여행자나 방문자로 생각한다.[11] 보슬비가 내리는 날 후드를 쓰고 비를 맞으며 스타벅스 커피 원두를 들고 걸어가는 것, 그것이 시애틀의 모습이고 멋이다.

시애틀에 체류하던 첫 해인 2012년 나는 시애틀의 이런 날씨에 적응하기가 쉽지 않았다. 6월 말까지 비가 내리거나 흐리고 또 기온도 낮았다. 6월도 기온이 낮아 여름은 언제 오려나 했다. 그러다 주말에 틈틈이 여행을 다니며 아름다운 자연

....

11 기사: "Why Seattleites love to hate the umbrella", The Seattle Times, 2017.10.16.

을 보면서 시애틀의 날씨와 커피마저도 자연스레 좋아하게 됐다. 20대 초부터 위염을 수년간 앓았던 나는 의사의 권고대로 커피를 입에 거의 대지 않았었다. 처음부터 커피를 멀리해서인지 나는 사람들이 왜 아침 식사 전에 쓰디쓴 커피부터 마시는지 이해하기 힘들었다. 그런데 시애틀의 스산한 날씨를 접하면서 커피 냄새를 점차 좋아하게 됐다. 시애틀 동쪽의 워싱턴 호수 너머에 있는 거주지 벨뷰에서 사무실이 있는 시택으로 가는 405 도로의 4번 출구를 지나다 보면 근처에 흰 연기를 내뿜는 건물이 있는데 이곳으로부터 커피 볶는 냄새가 진동한다. 어느 회사의 커피를 로스팅하는지 알진 못하지만, 나는 이곳을 지날 때 일부러 창문을 열고 달릴 정도로 커피를 좋아하게 됐다. 지금은 하루에 서너 잔의 커피를 마실 정도로 마니아가 되었고 어느 정도 커피 맛을 분간할 수 있게 됐다.

시애틀에서 커피 산업이 발달한 것은 결코 우연이 아니다. 춥고 비가 오는 쌀쌀한 날에는 자연스레 커피를 찾게 되니 말이다. 나는 가끔 지인들이 시애틀 얘기를 하면서 날씨가 흐리고 비가 많이 온다고 부정적으로 말하면 그래서 당신이 지금 스타벅스 커피를 마시고 있는 것이라고 말한다. 그러면 그들은 그때서야 비로소 "아하 그렇구나"한다. 시애틀은 기후 특성으로 인해 커피 산업이 일찍 발달하였는데 시애틀 커피를 마시면서도 그 사실을 모르는 사람들이 많다. 커피를 마시면서 시애틀의 비를 귀찮아 하는 것은 커피의 태생적 감성을 부정하는 것 같은 어색함이 느껴진다.

날씨로 인해 커피가 발달한 것과 마찬가지로 시애틀 등 서북미에는 테리야끼 가게가 많다. 스산한 날씨에 따뜻한 밥과 바베큐를 함께 먹으면 온몸의 온기가 돌아온다. 거기에다 매콤한 스리라차Sriracha[12] 소스를 뿌려 먹으면 제격인데 그야말

....

12 스리라차는 미국 후이퐁식품Huy Fong Foods사의 창업자인 베트남계 중국인 이민자인 데이비드 트란 David Tran이 2003년경 할라피뇨 고추, 마늘, 향신료 등으로 만든 핫소스다. 스리라차는 수요가 전 세

로 부러울 것이 없는 음식이 된다.

시애틀을 찾는 여행객들이 꼭 들르는 곳이 1971년 탄생한 스타벅스 1호점과 스페이스 니들 타워다. 2012년 시애틀 매리너스의 일본인 스즈키 이치로 선수가 뉴욕 양키스로 이적하기 전까지 일본인들이 시애틀에 오면 가장 보고 싶어 한 첫 번째가 스타벅스 1호점이고 두 번째가 바로 이치로 선수였을 정도로 스타벅스 1호점은 시애틀의 최고 관광지다.[13]

우리나라에는 스타벅스 1호점이 1999년 7월 27일 이화여자대학교 앞에 생겼으니 한국인과 미국인의 원두커피 문화는 30년 정도 차이가 난다고 보면 될 것 같다. 한때 스타벅스 코리아 1호점에 손님이 없어 문을 닫았다가 다시 열었다고 하니, 실제 원두커피 문화가 한국 내 퍼진 것은 훨씬 후의 일이다. 미국 유학을 다녀와 이화여대 교수로 있는 지인이 2000년도에 제자 학생 10명을 스타벅스 코리아 1호점에 데려가 아메리카노, 카페 라떼, 카페 모카 등을 각각 다르게 주문하게 해 커피 공부를 시켰다는 얘기를 들은 기억이 있는데 당시 처음 접하는 원두커피 문화가 신기했을 것이다.

대부분의 시애틀 방문객은 스타벅스 1호점을 가 보고 싶어 애착던 나는 한국이나 미국 다른 주에서 방문객들이 오면 스타벅스 1호점 이외에 다른 커피전에도 안내한다. 스타벅스 1호점에서 나와 오른쪽 건너편을 바라보면 1992년 설립된 시애틀 브랜드인 털리스커피Tully's Coffee점이 있다. 이곳은 털리스커피 본사

계적으로 폭발적으로 증가해 2012년 캘리포니아 어윈데일Irwindale에 새로 공장을 지어 이전했다. 스리라차는 피자, 중국 음식, 국수 등 많은 음식의 소스로 쓰이는데 2013년 당시 하루 20만개를 생산할 정도였다. (기사: "Sauce plant in hot water over spicy smell", The Seattle Times, 2013.10.30.)

13 기사: "Ichiro Effect on Seattle economy exits with All Star", The Seattle Times, 2012.7.24.

건물 1층에 있는 커피점이다. 털리스커피는 상호권 분쟁으로 2018년 중반에 문을 닫았다.

시애틀 도심지 5번가에 자리 잡은 탑 팟Top Pot도너츠 가게도 좋아한다. 2010년 10월 말 버락 오바마 전 대통령이 이 가게를 방문해 도너츠를 사 간 이후 더욱 유명해진 곳이다. 나는 탑 팟의 아메리카노와 카페 라떼를 좋아한다. 물론 이곳 수제 도너츠는 꼭 맛봐야 한다. 시애틀을 방문할 때면 제일 먼저 가고 싶은 커피숍이다. 2002년에 시애틀 캐피털 힐Capitol Hill에서 시작된 탑 팟은 원래 창업자가 중국 식당인 탑스팟Topspot의 간판을 사서 뒷마당에 보관했는데 나중에 쓸려고 꺼낼 때 's'자가 떨어져 나가 탑 팟이 되었다고 한다.[14]

시애틀에 체류하면서 나는 스타벅스보다는 가급적 많이 알려지지 않은 그런 커피숍을 찾게 됐다. 맛있는 커피를 알게 되면서 커피 맛이 모두 다르다는 것과 로스팅도 중요하지만, 커피콩 수확 시점이 무엇보다 중요함을 알게 됐다. 미국 워싱턴주의 대표적 과일인 체리의 수확 시점이 중요한 것과 같은 이치다. 사람들이 특정 지역 와인의 특성을 이야기하듯이 바리스타들도 커피 원두의 로스팅 수준, 품종, 생산 지역 외에도 생산 연도 및 생산지 날씨에 대해서 얘기할 수 있을 정도로 발전해야 한다고 생각한다. 시애틀의 캐피털 힐에는 스타벅스와 같은 거대 커피 체인에 대한 저항 또는 대안 의식으로 생긴 수많은 커피점이 있는데 이런 곳을 찾아다니는 재미도 있다. 캐피털 힐에는 라떼 아트를 전 세계에 퍼트린 것으로 알려진 비바체 에스프레소Vivace Espresso 커피숍과 스타벅스 리저브 1호점이 있다. 이런 문화를 반영하듯 캐피털 힐은 시애틀의 LGBT(레즈비언, 게이, 바이섹슈얼, 트랜스젠더)와 대항문화의 중심지라고도 불린다. 시애틀 말고도 커피의 또 다른 중심

....

14 Top Pot 웹사이트

시애틀 파크 플레이스 마켓에 있는 스타벅스 1호점. 최초의 1호점은 다른 곳에 있었지만 이곳을 1호점으로 내세우고 홍보하면서 세계적인 관광지가 됐다. 이 1호점은 원래 커피 원두만을 팔던 가게였다.

시애틀 파크 플레이스 마켓 내 틸리스커피 본사에 있던 커피숍. 틸리스커피는 안타깝게도 지금은 영업을 중단한 상태다.

지라고 할 만한 곳이 시애틀의 동쪽에 자리 잡은 커클랜드Kirkland다. 이곳에서 가장 많이 찾는 커피숍은 로코코Rococo, 조카Zoka, 머큐리Mercury 등이다. 워싱턴 대학 앞에 있는 1975년에 탄생한 보헤미안 스타일의 카페 알레그로Cafe Allegro도 커피 마니아들이 많이 찾는 곳이다. 스타벅스는 이 카페 알레그로를 위해 에스프레소 로스트를 개발했고, 오늘날에도 스타벅스 스토어에서 에스프레소를 만드는데 사용된다.

세계 곳곳에 스타벅스 커피점이 있지만, 여행지에서는 스타벅스보다는 그 지역의 독자적 브랜드 커피를 마시는 것이 좋다. 오리건 포틀랜드에 가면 스텀타운, 샌프란시스코 지역에 가면 커피빈, 피츠커피나 블루 보틀, 영국에 가면 카페네로나 코스타커피를, 일본에 가면 UCC(우에시마 커피 컴퍼니)커피, 필리핀에 가면 네스카페나 보스Bo's커피[15], 에티오피아에서는 칼디스커피 등등 말이다.[16]

나는 종종 시애틀을 찾아온 지인들을 다소 생소한 관광지로 안내하곤 한다. 그들은 이런 곳을 좋아한다. 누구나 아는 관광지도 봐야겠지만, 알려지지 않은 명소도 많이 있다. 모 여행가가 "지도 밖으로 행군하라"라고 했듯이 말이다.

----

15 네슬레는 네스카페를 만드는 필리핀에서 많은 양의 커피 원두를 생산한다. 보스Bo's커피는 필리핀 산악 지대에서 커피콩을 생산한다.

16 칼디Kaldi는 커피콩을 먹고 흥분한 염소를 부리던 목동의 이름이다.

↑ 왼쪽 위부터 시계 방향으로 탑 팟, 카페 알레그로, 머큐리 커피, 비바체 에스프레소

하워드 슐츠와 스타벅스의 역사

본격적인 미국 원두 커피의 역사는 1966년 샌프란시스코 인근 버클리의 알프레드 피트Alfred Peet가 설립한 피츠 커피 앤드 티Peet's Coffee and Tea에서 시작되었다. 1955년 네덜란드에서 미국으로 이주한 알프레드는 대부분의 미국인들이 마시는 커피가 형편없음을 알고 깜짝 놀랐다. 미국인들이 마시는 주된 커피는 로부스타Robusta 였는데 이는 종자가 강해 쓴맛이 강하고 향기가 아라비카Arabica종에 비해 떨어지기 때문에 주로 블렌드나 인스턴트 커피에 사용되었다. 1971년 4월 시애틀의 파이크 플레이스 마켓에서 1호점을 연 스타벅스는 처음엔 피츠에서 원두를 주문해 쓰다가 1년이 채 못되어 네덜란드에서 중고 로스팅 기계를 수입하여 직접 로스팅을 하기 시작했다. 이후 시애틀은 샌프란시스코 베이 지역을 제치고 미국 고급커피의 메카로 자리 잡아 가기 시작했다. 1984년 4월 스타벅스가 6호점을 시애틀 6번가와 스

프링가에 개점하기 전까지는 스토어 안에서 커피를 마실 수는 없었다.

1982년 스타벅스에 합류한 하워드 슐츠는 스타벅스가 이탈리아의 커피 문화처럼 원두 커피를 제공함으로써 사회적 교류 장소로서 역할을 해야 한다고 주장했고, 이를 반대한 스타벅스 창업자들과의 갈등으로 1985년 스타벅스를 떠나 일 지오날레Il Giornale라는 카페를 설립하였다. 1987년 3월 스타벅스는 피츠 커피만 남기고 스타벅스를 매각하기로 하였다. 이때도 스타벅스는 단 6개의 스토어만 갖고 있었는데 1987년 8월 하워드는 운명처럼 스타벅스를 인수하고 최고 경영자가 되었다. 하워드는 스타벅스의 가운데 꼬리가 두 개 달린 인어인 사이렌Siren 주위를 창업 당시의 스토어 이름인 "스타벅스 커피, 티 앤드 스파이스"라고 새긴 문자가 둥글게 둘러싼 상표 형태를 유지하되 갈색 대신 일 지오날레의 초록색으로 바꿨다. 이 갈색 로고는 현재 파이크 플레이스 마켓에 있는 1호점에서만 사용되고 있다. 스타벅스라는 이름은 허먼 멜빌Herman Melville의 소설 『모비딕』에 나오는 피쿼드호의 일등 항해사인 스타벅의 이름에서 따왔다. 그 이름은 초기 커피 무역상들의 항해 전통과 거친 바다의 로맨스를 연상시키기에 충분했다.

1987년 3월 스타벅스는 시애틀을 벗어나 캐나다의 밴쿠버 그리고 1987년 10월 인스턴트 커피의 대명사인 맥스웰 하우스 커피의 본고장인 시카고에 진출한 이래 1991년까지는 태평양에 면한 북서 지역과 시카고에 한정한 추운 지방에만 스토어를 갖고 있었다. 사람들은 스타벅스가 로스앤젤레스와 같은 따뜻한 기후에서조차 성공할 것인지, 그곳 사람들이 뜨거운 커피를 선택할 것인지에 의문을 던졌으나 스타벅스는 1991년에는 로스앤젤레스에 진출하여 성공을 거두었고 이듬해에 샌프란시스코, 샌디에고, 덴버에 진출하였다. 1993년 4월 워싱턴 D.C.로 진출하였고 이듬해에 다시 뉴욕, 보스턴, 달라스, 휴스턴, 미니애폴리스, 애틀랜타에 진출하였다. 이에 포춘지는 "하워드 슐츠는 커피를 갈아 금으로 만든다"며 극찬하였다. 스타벅스는

1996년 8월 일본 진출과 함께 본격적으로 세계시장을 공략하기 시작했다.

　미국 브루클린의 빈민촌에서 어린 시절을 보낸 하워드 슐츠는 1987년 스타벅스의 최고경영자가 되어 파트타임 사원들에게까지 포괄적인 의료보험을 제공하는 파격적인 사람 중시 경영으로 종업원들의 존경을 받아 왔다. 스타벅스로 이웃들의 조그마한 오아시스 공간을 창조해 내려고 했던 하워드는 원두 커피로 세계를 공략하며 스타벅스를 세계적인 기업으로 성장시켰다.

-하워드 슐츠·도리 존스 양, 『스타벅스·커피 한잔에 담긴 성공신화』, 홍순명 옮김, 김영사. 1999

대중음악의 요람

날씨가 좋지 않은 아일랜드, 영국, 독일 등에서 수많은 문학가와 예술가가 배출되는 것처럼 시애틀은 비와 커피가 있어서인지 음악가들이 꽤 나오고 있다. 록과 블루스 음악 역사상 가장 위대한 기타리스트이자 싱어송 라이터인 제임스 마셜 "지미" 헨드릭스(1942~1970)가 시애틀에서 출생했고, 레이 찰스(1930~2004)는 조지아주에서 태어나 일곱 살에 시력을 잃고 플로리다에서 음악 활동을 시작했으나 적응하지 못하고 열여덟에 시애틀에서 그룹을 조직해 음악 활동을 시작했다. 스무 살에 시애틀을 떠나 캘리포니아로 갔으니 본격적인 음악 활동은 시애틀에서 한 것이다. 나는 1979년 조지아주의 주가로 선정된 그의 노래 '내 마음속의 조지아Georgia on my mind'를 자주 듣는다. 이 노래는 미국 남부의 소울이 가득하다. 인종차별을 당하면서도 사랑하는 고향 조지아를 부르는 그의 목소리에서 흑인들의 슬픔과 애처로움이 절실히 느껴진다. 레이 찰스를 알고 싶다면 그의 일생을 그린 영화 〈Ray〉를 꼭 볼 것을 권한다.

미국 대중 음악사에서 살아 있는 전설로 빼놓을 수 없는 인물인 퀸시 존스(1933~)는 시카고에서 태어나 10살 때 워싱턴주 서부의 브레머튼Bremerton으로 이주한 후 시애틀에서 성장하며 음악을 접했다. 그는 지난 60여 년 동안 재즈와 팝 분야에서 세계적인 뮤지션들의 작곡과 편곡, 프로듀싱, 빅밴드 어레인지를 도맡아 하는 등 음악사에 족적을 남겼다.

2000년부터 활동을 시작한 랩 가수 매클모어Macklemore(본명 벤 해거티Ben

Haggerty)는 '스리프트 샵Thrift Shop'이라는 곡으로 6주간 빌보드 차트 1위를 차지하기도 했다. 뉴에이지 음악가이자 색소폰 연주자인 케니 지 역시 시애틀에서 출생했다.

시애틀은 대중음악의 요람이다. 시애틀 다운타운 잭슨가를 따라 재즈클럽이 한때 20여 개나 성황을 이루었다. 지금도 시애틀 지역 고교 재즈밴드들이 매년 전국 콩쿠르를 주름잡는다.[17] 1960년대엔 지미 헨드릭스 외에도 브러더스 포, 벤처스가 활동했었다. 1990년대 초엔 미국 팝 음악계에 팽배했던 상업주의에 반기를 들고 록 음악을 통해 반항과 분노를 표출한 얼터너티브 록이 부상했는데 시애틀에서 이를 주도한 밴드가 펄잼, 너바나, 멜빈스, 사운드가든 등이다. 너바나를 위시한 그룹은 노동자 청년들의 문화를 대표한다. 이들 그룹은 그들의 사회경제적 조건들이 견딜 수 없을 만큼 무너진 상태에서 그에 대한 저항을 예술적으로 표현했다.[18] 특히 너바나는 1987년 워싱턴주 애버딘에서 보컬 겸 기타리스트 커트 코베인Kurt Cobain (1967-1994)을 중심으로 결성되었다. 너바나는 7년 동안 단 세 장의 정규음반을 발표했지만, 역사상 가장 영향력 있고 중요한 얼터너티브 밴드로 평가받고 있다. 1994년 코베인의 자살로 밴드는 해체되었지만 현대 록 음악에 지속적인 영향을 주고 있다.

때마침 이 글을 쓰고 있던 시기에 서울 인사동에서 'NIRVANA'를 주제로 그림을 그린 작가의 개인전에 다녀왔는데 이 전시회의 대부분의 그림은 너바나의 대표곡인 'Smells Like Teen Spirit' 뮤직비디오에서 영감을 얻어 그린 작품들이었다. 이 뮤직비디오는 코베인 생전의 허무주의나 무정부주의적 생각을 엿볼 수 있는데, 전시회에서 가장 강렬하게 다가왔던 작품은 뮤직비디오 마지막 부

....

17 기사: 윤여춘, "눈산조망대", 시애틀 한국일보
18 김상표 개인전 "NIRVANA" 자료 (2018.9.15.-10.20)

분에서 코베인이 절규하는 모습을 그린 장면이었다. 이 곡이 수록된 2집 앨범 《Nevermind》는 갓난아기가 물속에서 지폐를 쫓아가는 표지로 유명했다. 너바나는 록 음악을 넘어 패션, 예술 전 분야에 자극을 주었고 시대를 바꾸었으며, 쇠퇴해 가던 메탈록 시대에 종지부를 찍고 록의 역사를 얼터너티브 록과 모던 록의 시대로 바꿨다. 코베인은 주류 음악에서의 성공을 반기지는 않았다. 자신이 하고 싶었던 저항과 비판이 아닌 그 속에 편입된 느낌을 받았던 것 같다. 그 때문일까? 그는 1994년 자살로 생을 마감한다. 그의 노래에는 젊음이 있고 반항이 있으며 자유가 있다.

⋮ 너바나의 'Smells Like a Teen Spirit' 뮤직비디오의 마지막 장면에 나오는 커트 코베인의 절규하는 모습을 손으로 순간적으로 그린 그림 (그림 김상표)

동포 음악인으로는 래퍼 박재범과 〈K팝스타〉 시즌3에서 준우승한 샘 김이 있는데, 샘 김은 한인들이 다수 거주하고 한인 시장이 배출되기도 했던 시애틀 인근 페더럴웨이 출신이다.

또, 시애틀에는 한인 래퍼 고우Gowe (Gifted on West East)가 있다. 2013년 봄, 워싱턴 대학교 한인학생회가 개최한 한 행사에서 자신의 생모를 그리며 작곡한 'I Wonder'를 불러 관중들의 심금을 울린 한인 래퍼다. 그는 자신을 낳아 준 한국의 생모를 찾고자 하는 마음에서 이 곡을 만들었다고 한다.

그는 이 노래에 '엄마'라는 가사를 넣어

어머니를 그리는 애절한 마음을 담았다. 또한 어머니가 자신을 걱정할 것을 생각하며 "아들은 스페이스 니들이 있는 시애틀에서 잘 살고 있습니다"라는 메시지도 넣었다. "나는 중국인인가 한국인인가? 이 인생이 내 운명일까"라며 정체성에 대한 혼란과 자신의 운명에 대해 자조하는 내용과 "만약에 어머니가 읽을 수 있는 편지를 쓸 수 있다면 단 한 번도 엄마를 원망하지 않았다고 전해드리고 싶다"라는 메시지도 담았다.

한국에서 태어나 시애틀의 중국계 미국인 가정에 입양돼 자란 고우는 18세 때 친구들과 캐나다 여행을 위해 여권을 신청하면서 자신이 한국에서 입양된 사실을 알게 되었다. 그는 중국인인 줄 알았던 자신이 한국인이었음을 알고 적지 않은 충격을 받았다고 한다. 그는 뮤직비디오에서 자신의 본명이 김성훈이라고 밝혔다.

나는 고우의 한인입양아단체 행사 참석을 주선하기도 했었다. 한국의 모 방송사에서 고우의 출연을 추진한다는 얘기가 있어서 시애틀의 모 한인언론사와 고우의 한국 방문을 성사시키기 위해 후원도 추진했으나 어떻게 된 영문인지 성사되지 못했다. 고우는 현재 시애틀을 중심으로 활발한 활동을 하고 있다.

대중음악뿐만 아니라 주류 사회에는 세계적인 수준의 시애틀 심포니 오케스트라가 있고, 시애틀 오페라, 리릭 오페라 노스웨스트 등이 활발한 활동을 하고 있다. 또한 불후의 걸작 예술품들을 전시하는 시애틀 미술박물관이 있다. 시애틀에서 많은 음악인들이 나오는 것도 기후 환경에 의한 것이라면 너무 비약한 것일까? 비와 커피 그리고 음악이 있어 시애틀이 좋다.

스페이스 니들 타워 옆에 있는 EMP Experience Music Project 박물관. 기타의 역사, 너바나, 지미 헨드릭스 등의 전시실이 있다.

다양성이 공존하는 곳

시애틀은 참 살기 좋은 곳이다. 시애틀 동포들은 시애틀을 '구백구십구국'이라 부른다. 천국 다음 한 끗 아래가 시애틀임을 뜻하는 말이다. 그만큼 살기 좋다는 말이다. 산과 바다, 호수와 강이 있고 깨끗한 공기, 진보적 정서, 자유스러움도 있다. '구백구십구국'이라는 말을 들었을 때 나는 미국 포크 음악의 우상인 존 덴버가 노래했던 'Take me home country road'가 떠올랐다. 이 노래에서 존 덴버는 첫 부분을 이렇게 노래했다.

Almost heaven, West Virginia

Blue Ridge Mountains, Shenandoah River

Life is old there, older than the trees

Younger than the mountains, blowing like a breeze

나는 '구백구십구국'보다는 'almost heaven'이 더 가슴에 와닿는데 존 덴버가 시애틀에서 살았거나 활동했다면 이렇게 불렀을 것 같다.

Almost heaven, Northwest America

Cascade Mountains, Snoqualmie River

난 웨스트 버지니아에 가 보진 못했지만 이 노래로 인해 블루 리지산과 쉐난도 강에 꼭 가 보고 싶은 마음이 있다. 그런데 지구상에는 천국보다 더 격찬을 받은 지역도 있다. 미국의 작가 마크 트웨인은 그의 자서전에서 인도양 서쪽에 있는 모리셔스Mauritius를 방문했을 때의 느낌을 이렇게 썼다.

> Mauritius was made first and then heaven; and that heaven was copied after Mauritius.
>
> 신은 모리셔스를 만든 후 천국을 만들었다. 그 천국은 모리셔스를 본떴다.

진보적인 시애틀은 다양성을 추구하는 도시다. 어느 일방의 독주를 잘 허용하지 않는다. 미국을 넘어 전 세계에 거센 반발과 후폭풍을 몰고 온 이슬람권 7개국 국적자의 입국과 비자 발급을 한시적으로 금지한 트럼프 대통령의 반이민 행정명령을 미 전역에서 잠정 중단하라고 했던 것도 시애틀 연방 지법이고, 의료용 마리화나 외에 기호용 마리화나를 최초로 합법화한 주가 시애틀이 있는 워싱턴주와 콜로라도주였다. 지금은 워싱턴주를 포함해서 오리건, 네바다, 캘리포니아, 알래스카, 애리조나, 메인, 버몬트, 뉴욕, 미시간주 10개 주가 의료용뿐만 아니라 기호용 마리화나까지 허용하고 있다.

2014년부터 2017년까지 시애틀 시장을 지냈던 에드 머리Ed Murray 시장은 동성애자인데 그 후임 시장으로 당선된 인물도 동성애자인 제니 더칸Jenny Durkan이다. 제니 더칸은 시애틀 첫 여성 시장이었던 버사 나이트 랜드스 이래 91년 만에 당선된 여성 시장이다. 2014년 11월 시애틀 시의원 선거에서 1887년 독일 출신 사회주의자 파이퍼A. W. Fife가 시애틀 시의원에 당선된 이래 140여 년 만에 사회주의자이며 인도계 이민자인 크샤마 사완트Kshama Sawant가 당선돼 전 세계에 뉴스로 알려진 바 있다.

이뿐만이 아니다. 볼셰비키 혁명을 일으킨 블라디미르 레닌Vladimir Lenin의 동상이 시애틀에 있다고 하면 믿을 수 있는가? 소련의 몰락과 함께 세계 곳곳에서는 레닌의 동상이 철거되기 시작했는데 현 슬로바키아 포프라드시에서 철거된 후 고물상에 방치돼 있던 레닌 동상을 1995년 한 미국인 교사가 사들여서 시애틀 프리몬트 지역 대로변에 세워 두었다. 설치 당시에도 논란이 있기는 했지만 2017년에 백인 우월주의에 반대해 남북전쟁 당시 남군을 상징하는 동상과 기념물 등이 철거되고 있는 가운데 시애틀의 레닌 동상도 트럼프 지지 단체에 의해 철거를 요구받았다. 하지만 다수의 시애틀 사람들은 기념물은 기념물대로 두자며 철거에 시큰둥한 반응을 보였다. 라스베가스, 애틀랜틱 시티, 뉴욕에도 레닌 동상이 여전히 남아 있다고 한다.

시애틀은 이렇게 다양한 생각이 공존하듯이 다양한 민족이 공존하고 있는 곳이다. 내가 만난 사람들만 해도 서구인들은 차치하고라도 베트남, 필리핀, 인도, 중국, 대만, 태국, 캄보디아, 라오스의 몽족, 몽골, 일본, 이란, 에티오피아, 소말리아, 터키, 러시아, 히스패닉, 폴리네시아인 등으로 시애틀은 가히 민족의 용광로라고 할 만하다. 민족이 다양한 만큼 세계 각국의 음식을 맛볼 수 있는 것도 큰 재미라 할 수 있다. 서북미에 침엽수와 활엽수가 어우러져 있고 여름에도 빙하를 볼 수 있듯이 다양한 민족이 다채롭게 공존공생하는 세상으로 더욱 발전하면 좋겠다.

남부 오리건주의 조각품 전시장을 방불케 하는 밴든Bandon 해변

시애틀 프리몬트에 세워진 레닌 동상

그들은 단지 거기에 있을 뿐이다

There's no right or wrong in them.

They're just there.

I think now, looking back, we did not fight the enemy.

We fought ourselves.

And the enemy was in us.

그들에게는 옳고 그름이 없다.

그들은 단지 거기에 있을 뿐이다.

되돌아보건대 우리는 적들과 싸우지 않았다.

우리는 우리 자신과 싸웠다.

적은 우리 내부에 있었다.

올리버 스톤 감독의 영화 〈플래툰Platoon〉에서 헬기로 후송되는 도중 주인공 크리스 테일러가 하늘의 별을 보고 하는 독백이다. 주인공의 독백처럼 사람은 그냥 '거기'에서 태어났고, '거기'에서 태어난 사람들은 그곳 환경에 맞게 적응해서 그 모습대로 살고 있을 뿐이다. 인류는 동아프리카의 루시Lucy로부터 시작됐을 뿐, 피부색에는 옳고 그름이 없다. 인류는 끊임없는 이동을 통해 현재에 있는 것이다. 인류의 적은 전쟁, 기아, 질병, 자연재해, 기후 변화 등 수없이 많은데도 인류는 인류 자신과 싸우고 있다.

미국에서는 끊임없이 인종 갈등이 벌어진다. 특히 흑인에 대한 미국인들의 차별은 지금도 뿌리 깊다. 아시아인들에 대한 차별보다도 훨씬 심하다. 그나마 한국인과 일본인에 대한 차별은 다른 아시아인들에 비해서는 덜한 편이다.

시애틀은 대도시가 있는 타주에 비해 흑인 비율이 낮다. 간혹 식당의 흑인 종업원이 한국인인 우리에게 불친절하게 구는 경우가 있는데, 그들이 백인들에 당한 차별을 만만하게 보이는 아시아인들에게 화풀이하는구나 하는 생각이 들어서 오히려 측은해지기도 한다.

나에게는 세 아들이 있다. 1990년대 중후반에서 2000년대 초 한국에서는 아이가 셋인 가정은 보기 드물었다. 아이들을 데리고 길을 가거나 식당에 들어서면 쏟아지는 눈빛들이 싫었다. 그래서 식당에서는 더한 눈길을 끌지 않도록 아이들이 떠들지 않게 주의했고 아이들은 고맙게도 잘 따라 주었다.

이즈음 나에게 위안을 주었던 성경 구절이 있었다. 유대인의 영웅 다윗이 쓴 구약성경 시편 127장 3~5절이다.

"자식은 여호와의 주신 기업이요 태의 열매는 그의 상급이로다. 젊은 자의 자식은 장사의 수중의 화살 같으니 이것이 그 전통에 가득한 자는 복되도다. 저희가 성문에서 그 원수와 말할 때에 수치를 당치 아니하리로다."

2012년부터 미국 시애틀에 거주하게 됐는데 도시를 벗어나 한적한 시골을 여행하는 경우가 가끔 있었다. 시골 지역에는 보수적인 백인이 많이 산다. 나는 특히 점심이나 저녁 식사를 하러 식당에 들어설 때 아시아인이라서 집중되는 그 시선이 싫었다. 아이들이 셋이 있었지만 각각 초중고에 다니던 아이들이라 어리기만 했고, 나는 백인들에 대한 경계심과 긴장감을 항시 갖고 있었다. 내 전통에 화살이 많다지만 아직 어린아이들이었다. 그러던 차 몇 년 사이에 아이들은 쑥쑥 자라나 삼 형제가 모두 180센티미터 이상이 되었고, 아이들이 마치 부모의 호위무사라도 되는 양, 예전의 내 경계심과 긴장감은 사라져 이제는 '쳐다볼 테면 봐라'라고 말하듯이 당당하게 식당에 들어서곤 한다.

시골 백인들이 보수적이기는 해도 그것이 꼭 인종차별로 이어지지는 않는다. 한번은 렌튼Renton에 사는 고교 선배네 가족과 함께 워싱턴주 동부로 여행을 가는 길에 컬럼비아강을 건너 스포캔 쪽으로 가다 보면 바로 나오는 '협곡의 원형극장 Gorge Amphitheatre'이라는 곳에 들렀다. 이곳은 화산 활동에 의한 주상절리 바위들이 마치 원형 극장처럼 빙 둘러 있는 곳인데 이곳에서 높고 굵직굵직한 주상절리 암벽을 타는 백인 일가족을 만났다. 나는 그저 인사만 하고 주변을 둘러볼 계획이었는데 붙임성 좋은 선배가 벌써 이런저런 말들을 주고받고 있었다. 백인들은 우리에게 주상절리 암벽을 타 보라 권유했다. 친절하고 유머 있는 3대의 백인 일가족이었는데 워싱턴주 동부에 있는 엘렌스버그에서 왔다며 머리가 복잡할 때는 이곳에서 주상절리 암벽을 탄다고 했다. 암벽을 탈 때면 모든 것을 잊게 되기 때문이라고. 여기서 나는 또 한 번 백인을 경계하는 편견이 무너지는 상황에 직면했다. 백인들과 함께한 주상절리 암벽타기는 평생 잊을 수 없는 추억이 될 것이다.

그렇지만 언제 어디서든 인종차별하는 백인들을 만나게 될 수 있다. 그들이 나에게 '당신들 나라로 돌아가라!' 한다면 어떻게 해야 할까? 이런 걱정이 드는 것은 당연한 일이라 생각한다. 그럴 때 이 사실을 명심하면 좋을 것 같다. 우리도 이민자이지만, 그들도 이민자의 후손이라고. 신호범 전 워싱턴주 상원의원은 선거운동 당시 가가호호 방문할 때 백인들로부터 '너희 나라로 돌아가라'는 인종차별적인 말을 많이 들었다고 했다. 그럴 때 신 의원은 이렇게 말했다고 한다.

"이 나라는 이민으로 세워진 나라다. 당신의 선조도 이민자다. 당신이 당신 선

'협곡의 원형 극장'에서 만난 백인들의 도움으로 주상절리 암벽타기를 경험했다.

조의 나라로 돌아간다면 나도 내 모국으로 돌아가겠다."

이렇게 말했을 때 백인들은 아무런 대꾸도 하지 못했다고 한다.[19]

미국은 원주민이 살던 땅이고 이후 이민으로 세워진 나라다. 이민으로 세워진 나라에서 다양한 민족이 섞여 부강한 나라를 만들어 왔다. 애플의 창업자 스티브 잡스Steve Jobs의 아버지는 시리아인이고 어머니는 백인이다. 골프 선수 타이거 우즈Tiger Woods의 혈통은 더욱 복잡하다. 아버지 얼 우즈Earl Woods는 미국 흑인이지만 사실 반만 흑인이고, 나머지는 아메리카 원주민과 중국인 혈통이다. 어머니 또한 태국인이지만 반만 태국인이고 나머지는 중국인과 백인의 혈통이다. 타이거는 이에 대해 스스로를 '코카블라시안Caucablasian (Caucasian + Black + Asian)' 이라고 칭한 적도 있다.

인종 갈등에 대해서는 아직도 가야 할 길이 멀다. 특히 흑인들에 대한 뿌리 깊은 차별 의식은 트럼프 대통령 취임 이후 더욱 표면화되고 있어 우려스럽다. 폴 매카트니와 스티비 원더가 'Ebony and Ivory'에서 불렀던 것처럼 피아노의 흑백 건반이나 서북미에 침엽수와 활엽수가 공존하듯이 함께 가면 좋겠다. 세계 어디를 여행하더라도 나는 거기에서 그렇게 살고 있는 그 사람들이 좋다.

19 신호범, 『공부 도둑놈, 희망의 선생님』, 웅진출판, 2003

진취적 기업이 꽃피다

시애틀은 하이테크와 IT 기업이 일찌감치 꽃을 피운 도시다. 1916년 시애틀에서 윌리엄 보잉William Boeing에 의해서 보잉이 창립되었고 현재는 시애틀 북쪽 에버렛 공장과 시애틀 남부 렌튼 공장 그리고 노스 캐롤라이나 찰스턴에 공장이 운영되고 있다. 우주, 군용 및 상용 항공기 제작이 주 사업이다. 현재 본사는 시카고에 있다.

시애틀 또는 워싱턴주에 본사를 두고 있는 기업으로 빌 게이츠Bill Gates와 폴 앨런Paul Allen이 1975년에 창업한 마이크로소프트, 익스피디아, 아마존닷컴, 알래스카항공, 코스트코, 스타벅스, 털리스커피, 시애틀즈 베스트커피, 노드스트롬 백화점, 아웃도어 용품 제작사인 REI, 세계적인 건축 설계 회사인 NBBJ가 있다. 몇 년 전부터는 델타항공이 시애틀을 아시아 운항의 중추공항으로 선정해 대대적인 노선확장을 하고 있어 시애틀 기업인 알래스카항공과 첨예하게 대립하고 있다. 미국외 세계적인 목재 및 제지 생산 회사인 웨어하우저도 시애틀에 본사가 있고, 세계 최대 규모의 트럭 생산 업체인 파카Paccar가 벨뷰에 위치하고 있다.

독일의 무선통신 회사인 T모빌과 한국의 온라인 및 모바일 게임 회사인 엔씨소프트의 미주 본부가 벨뷰에 있다. 일본 닌텐도 미주 본부도 레드몬드에 있다. 유니베라(전 남양알로에) 미주 본사도 시애틀에 있으며, 워싱턴주에 진출해 있는 한국 기업으로는 한국항공우주산업, 삼성전자, LG전자, 현대상선, 아시아나항공, 대한항공, 중외제약 연구소가 있고, 오리건주에는 알팔파 사료를 수입하는 농협과 블랙야크가 인수한 포틀랜드 라이프스타일 의류 업체인 NAU가 있다.

오리건주에는 나이키 본사가 포틀랜드 인근 비버튼에 있고, 아웃도어 스포츠 의류 업체인 컬럼비아가 힐즈보로에 있다. 미국의 언더아머에 밀리고 있는 아디다스의 미주 본부가 포틀랜드에 있다. 워싱턴주에는 하이테크, IT 기업이 주로 포진해 있고 오리건주에는 아웃도어 용품 회사가 포진해 있다.

시애틀의 스타벅스 본사

이에 따라 워싱턴 대학교의 IT 관련 학과에 입학하려는 학생들이 많아 학교 랭킹도 과거에 비해 대폭 상승했다. 시애틀이 산호세에 이어 제2의 실리콘밸리가 될 것이라는 전망이 끊임없이 나오는 이유다.

이사콰의 코스트코 본사
벨뷰의 아마존 서점

한없이 부러운 그들의 시스템

미국에 체류하면서 부럽다고 느낀 것들이 몇 개 있다. 첫 번째가 교육이다. 미국 학생들은 공부만 죽어라고 하지 않는다. 아이들은 체육과 봉사활동을 포함한 학업 외에 다양한 활동을 한다. 그중에서 내 아이들을 통해 유심히 봐 왔던 축구를 예로 들어 보겠다. 상반기에는 테스트를 거쳐 교내 축구 클럽에서 활동을 한다. 교내 축구 클럽은 C팀, 주니어 바시티Junior Varsity, 최상위 단계인 바시티 3단계로 나뉘어 있다. 하반기에는 학교 외 지역 클럽에서 활동할 수 있다. 레크리에이션, 실렉트Select, 지역 클럽 리그, 그리고 다시 상위 3단계가 있는데 워싱턴주를 대표해서 지역 또는 전국 축구 대회에 나갈 수 있고 최상위 그룹에 들어가면 국가대표로 참여할 수 있는 기회가 주어지기도 한다. 이러한 팀에서 두각을 나타내면 학생은 선수로 나아갈 기회를 잡거나 좋은 대학에 진학할 수도 있다. 대학은 학과 성적만 좋은 학생은 뽑지 않는다. 운동 선수로 키우기 위해 처음부터 운동만 하는 한국과 달리 미국의 시스템은 공부와 운동을 병행하다가 운동에 소질이 있는 학생을 발굴해 운동 선수로 나아가게 한다.

두 번째는 교통이다. 우선 운전자들은 상대 운전자들에게 관대하다. 사회가 여유롭기도 하거니와 공간의 여유로움이 이들을 관대하게 만드는 측면도 있다. 기본적으로 스스로 교통 법규를 지키고 양보를 한다. 우리나라의 경우 차선 변경을 위해 깜빡이를 켜면 끼어들지 못하게 오히려 뒤차가 무섭도록 속도를 내지만 미국은 미리 깜빡이를 켜면 뒤차는 거의 대부분이 속도를 줄여 앞에서 끼어들도록 해 준다. 단지 여유 있는 사회라서 그럴까? 기본적으로 어려서부터 타인을 배려

초중고 나이대별로 열리는 클럽 대항 축구대회

하는 문화가 형성돼 있다. 물론 다수가 총을 소지하고 있어서 양보하지 않으면 시비가 걸릴 확률이 높아 그것을 의식한 측면도 있다고 생각한다. 교통 체계도 잘 정비돼 있다. 우리나라와 다른 교통 체계를 보자.

⋯▸ 중립적인 중앙차로가 많아 좌회전 신호 없이도 좌회전이 언제든 가능하다.

⋯▸ 출구 전용 차선인 경우 몇 킬로미터 전부터 '출구 전용 Exit Only'이라고 노란색으로 눈에 띄도록 안내해 준다.

⋯▸ 신호등이 없거나 점멸등이 있는 교차로에서는 직진이건 회전차건 간에 정확히 먼저 정지선에 도착한 차가 정지 후 출발한다.

⋯▸ 교차로에서 보면 아스팔트 바닥에 굴렁쇠 같은 모양이 차선마다 두 개씩 그려져 있는 것을 볼 수 있다. 이것은 차를 감지하고 다른 방향에 차가 없으면 바로 신호를 바꿔 주는 감지기다. 그래서 차가 없는 밤에 신호를 무시하고 지나갈 이유가 없다. 신호가 바로 바뀔 것이니까.

⋯▸ 비보호 좌회전이 많다. 비보호 하지 말라는 표시가 없으면 직진 신호에 비보호 좌회전을 할 수 있다. 그렇지만 러쉬아워일 때는 순발력 있게 좌회전해야 하기 때문에 일부 운전자들은 비보호 좌회전이 불편할 수도 있다.

⋯▸ 우회전 차선에 'No Turn On Red'라고 써 있으면 녹색등이 켜질 때까지 정지해 있어야 한다. 일단 정지 후 우회전하는 곳이 아니다. 'Stop On Red'라고 써 있으면 일단 정지 후 차량의 흐름을 방해하지 않고 우회전할 수 있다. 미국에서 처음 운전하는 이들에게 이 두 가지는 좀 헷갈린다.

⋯▸ 좌회전과 유턴 구역 좌측에 턱이 있어 차례대로 한 대씩 유턴해야 한다. 한국에서는 점선으로 돼 있어서 동시에 유턴을 하는 경우가 많다.

⋯▸ 스쿨 존이나 학생들을 태우고 내려 줄 때 주변 차량들이 서야 하는 경우가 있는데 대부분이 규칙을 알고 있고 잘 지킨다.

⋯→ 일반적으로 2인 이상의 탑승 차량을 위한 전용 카풀차선이 많다. HOV^Highly Occupied Vehicle^ Lane이라고 한다.

⋯→ 프리웨이에 차량이 많을 경우 진입 램프에서 한 대씩 진입하도록 별도의 신호등이 있다.

아래는 우리나라도 같은 규칙이 있지만 잘 지켜지지 않는 것들이다.

⋯→ 일단 정지 표시가 있는 곳, 특히 우회전 지역에서는 완전히 정지했다가 출발한다.

⋯→ 교차로에서 차가 막히면 절대 교차로 안에 진입하지 않는다.

⋯→ 맨 우측 차선이 직진과 우회전이 동시에 가능한 경우 직진 차가 빨간 신호등에 정지해 있으면 우회전하려는 뒤차는 절대 경적을 울리지 않는다. 우리나라에서는 직진을 위해 정지해 있는 앞차가 잘못한 것처럼 우회전하려는 뒤차가 빵빵거리고 난리를 치는 경우가 많다.

⋯→ 유턴하는 경우 같은 길로 접어드는 우회전 차는 반드시 유턴차를 기다린다. 우회전 차는 자기 신호를 받고 우회전하는 것이 아니기 때문이다.

⋯→ 회전교차로^Roundabout^에서는 진입하는 차량이 양보^Yield^를 해야 하는데 우리나라에서는 먼저 들이미는 차량이 우선이 된다. 양보 표지판을 모르는 것도 아닐 텐데.

⋯→ 신호등 없는 횡단보도에서 보행자가 건너려고 할 때 차는 무조건 정지한다. 때로는 보행자가 차를 보지 않고 그냥 횡단보도에 진입하기도 하니 주의해야 한다.

⋯→ 앰뷸런스나 소방차의 경적은 매우 강해서 차량들이 멀리서부터 차로를 내준다.

미국에선 교통 법규를 잘 지키려는 경향이 있다. 교통 법규 위반 시 범칙금이 강하고 운전자의 신고 정신이 투철한 것이 큰 이유가 된다. 교통 경관에게 함부로 대들 수 없을 정도로 공권력도 강하다. 따지거나 반항하면 테이저건이나 총에 맞을 수도 있다. 차에 총기를 소지하는 운전자들이 많으니 타 운전자와 시비가 걸리지 않도록 양보해야 할 때는 꼭 양보하는 습관이 필요하다.

나는 우리나라가 경제 대국에서 문화 대국으로 가려면 드라마, K-Pop 등 외에 교통 법규 준수와 양보라는 교통 문화가 반드시 수반돼야 한다고 생각한다. 평소 온순한 사람도 운전대만 잡으면 포악해지기 쉽다. '도로 위의 분노'가 살인까지 부르기도 하는데 서로 양보하는 문화가 부족한 점이 아쉽다. 도로가 합류하는 곳에서 한 대씩 들어가면 자연스럽게 흐름이 생겨 엉키지 않는다. 양보하면 서로 빨리 갈 수 있다. 우리 모두가 서로를 배려하고 존중하는 포용심을 갖도록 하면 좋겠다.

세 번째는 환경 보호다. 한번은 시애틀 근교의 주립공원에서 야유회 행사를 위해 큰 나무에 네트 끈을 연결하는데 공원 직원이 다가와서 나무에 끈을 매면 안된다고 당장 풀라고 했다. 환경 보호라는 명목으로 이렇게까지 규제해야 하나 하는 생각도 들지만 이들은 환경 보호라는 이름하에서는 뭐든지 철저하다.

어느 여름, 야생화가 만발한 레이니어 국립공원 트레일 길을 걷다가 길가에 핀 조그만 꽃을 밟을 뻔했는데 지나가던 백인이 꽃을 밟지 않도록 해 달라는 말을 했다. 그 정도로 미국은 환경 보호가 생활화돼 있다. 물고기나 조개류 등을 잡을 때도 반드시 면허를 받아 그 면허가 허용하는 범위 내에서 잡아야 한다. 주변에 감시인이 없다고 생각하면 안 된다. 멀리서 망원경으로 보고 있다가 위반 사항이 있는 것 같으면 어느새 다가온다. 이 면허를 소지한 사람은 주기적으로 면허에서 허

레이니어 국립공원에 만발한 야생화

용된 내용과 관련해 본인이 잡은 내역을 관계 당국에 보고해야 하는 의무도 있다.

환경에 대해서 이렇게 철저히 하며 엄청난 예산을 투입하는 미국임에도 불구하고 원주민의 언어 보호에 대해서는 매년 쥐꼬리만 한 예산을 책정한다고 비판하는 지식인도 있다. 아무튼 미국의 교육, 교통, 환경 보호 정책은 정말로 배울 만한 것이다.

마틴 루터 킹의 도시

인종 차별 얘기가 나왔으니 흑인 인권 운동가인 마틴 루터 킹 목사를 언급하지 않을 수 없다. 마틴 루터 킹의 도시 하면 애틀랜타, 셀마, 몽고메리, 버밍햄 등을 떠올리는 독자도 있을 것이다. 하지만 여기서 말하고자 하는 킹의 도시는 시애틀이다. 마틴 루터 킹은 1929년 조지아주 애틀랜타에서 태어나 흑인들이 겪는 차별과 억압, 경제적 불평등에 대한 비폭력 저항으로 흑인 인권 운동을 이끈 인물이다. 워싱턴주의 이름은 미국 초대 대통령인 조지 워싱턴의 이름에서 나왔듯이 시애틀을 중심으로 하는 킹 카운티는 킹 목사의 이름에서 따왔다. 킹 목사를 기념하는 킹 목사의 영문 이니셜을 사용한 'MLK 거리'는 미국 전역에서 많이 쓰이지만 카운티 이름으로 킹을 쓰는 곳은 워싱턴주 킹 카운티가 유일하다. 그만큼 워싱턴주는 자유와 공평을 지향하는 주라고 볼 수 있다. 킹 카운티는 워싱턴주에서 인구와 도시, 고용이 가장 많은 워싱턴주의 심장부다.

나는 킹 카운티와 MLK 거리 이름을 알게 되고 백인 경찰들의 과잉 진압으로 인한 흑인들의 사망 사건들을 보면서 킹 목사에 대해 더 알고 싶어졌다. 그때 접한 책이 킹 목사의 자서전 격인 『나에게는 꿈이 있습니다』였다. 감동적인 비폭력 저항 투쟁과 1963년 8월 28일 수도 워싱턴 D.C.에서 행해졌던 역사적인 연설은 내게 진한 감동을 주었다. 연설의 가장 감동적인 부분을 인용해 본다.

"나에게는 꿈이 있습니다.

조지아주의 붉은 언덕에서 노예의 후손들과 노예 주인의 후손들이 형제처럼 손을 맞잡고 나란히 앉게 되는 꿈입니다.

나에게는 꿈이 있습니다.

이글거리는 불의와 억압이 존재하는 미시시피주가 자유와 정의의 오아시스가 되는 꿈입니다.

나에게는 꿈이 있습니다.

내 아이들이 피부색을 기준으로 사람을 평가하지 않고 인격을 기준으로 사람을 평가하는 나라에서 살게 되는 꿈입니다.

지금 나에게는 꿈이 있습니다.

나에게는 꿈이 있습니다.

지금은 지독한 인종 차별주의자들과 주지사가 간섭이니 무효니 하는 말을 떠벌리고 있는 앨라배마주에서, 흑인 어린아이들이 백인 어린이들과 형제자매처럼 손을 마주잡을 수 있는 날이 올 것이라는 꿈입니다."[20]

미국의 인종 차별주의자들이나 유색 인종에 편견을 갖고 있는 백인들이 흑인을 차별하는 것은 우리가 상상하는 것 이상이다. 아시아인들 중 한국인과 일본인들에 대한 시선은 타 아시아인들에 비하면 우호적인 편이지만, 백인 입장에서는 우리도 유색인인 만큼 인종 차별에서 완전히 자유로울 수는 없다. 나는 내 아이들이 백인, 멕시칸, 흑인, 아시아인들과 하나가 되는 축구 클럽이나 밴드를 보면서 흐뭇해하기도 하지만 아이들이 비슷한 얼굴색끼리 모이는 것을 보면서 심란해지기도 한다. 킹 목사의 연설처럼 언제나 아이들이 피부색과 상관없이 손을 마주잡고, 정의가 강물처럼 흐르고 공평이 개울처럼 흐르는 그날이 올 것인지 상상해 본다. 우리의 아이들이 차별받지 않고 살아가야 하는 땅이기 때문이다. 나는 역사가 일순간 후퇴할 수는 있어도 크게 봤을 때 역사는 진보하고 있음을 믿는다. 이주민들을 대하는 우리의 태도에 있어서 우리나라도 과연 인종 차별 문제에

....
20 클레이본 카슨, 『나에게는 꿈이 있습니다』, 바다출판사, 2015

서 자유로운지 한 번쯤 생각해 볼 필요가 있다. 마틴 루터 킹이 연설에서 언급했던 조지아주의 붉은 언덕과 스톤마운틴에 올라 차별 없는 세상, 자유로운 노래가 울려 퍼지는 그런 세상을 떠올려 보고 싶다.

나는 내 꿈을 말할 수 있는 기회가 있었다. 어느 해 시애틀 한인 학생들을 대상으로 한 시애틀 한인 언론사 주최 에세이 대회 시상식을 하면서 나는 아이들에게 내 어릴 적 꿈에 대해서 이야기를 했다. 초등학교 시절 야구 테스트에 합격한 나를 운동시키기 위해 감독이 어머니를 찾아와 내가 야구를 하면 좋겠다고 했지만 어머니는 나 몰래 모든 야구 용품을 갖다 버리셨는지 숨기셨는지 야구를 그만둬야 했다. 그때 나는 또 지리를 유난히 좋아해서 사회과 부도를 보거나 지도를 직접 그리기도 했다. 지리학자가 되겠다고 한 나에게 맏이인 형은 배가 고픈 학문이라고 탐탁지 않게 말했다. 그런데 이후 영문학과 출신의 무역회사에 다니는 옆집 아저씨가 즐겨 듣는 'AFKN' 영어방송이 좋아 영문학과를 가겠다고 할 땐 아무도 반대하지 않았다. 그렇게 나는 영문학과에 진학했다.

영어를 한 덕분에 나는 취직해서부터 영어를 많이 쓰는 부서에서 일했고 영어권인 마닐라 지점과 시애틀 지점에서 지점장으로 일할 수 있었다. 그날 에세이 행사에서 나는 아이들에게 꿈에 대해 이야기하면서 시리에 대한 내 꿈이 사라진 줄 알았는데 미국에 와서 웅장한 자연과 거기에 얽혀 있는 자연의 이야기를 알게 되면서 내 꿈이 되살아나는 것을 느꼈다고 말했다. 어른이라고 나이가 먹었다고 꿈이 없어진 것은 아님을 느꼈다. 한국에 돌아와서는 산이나 문화재, 명승고적지를 찾아다니고, 미국에 가면 여러 곳을 찾아다니며 이야기를 듣고 사진을 남겼다. 이런 나의 이야기를 듣고 두 공저자가 내게 책을 함께 쓰자고 제의를 해서 『시애틀 이야기』가 탄생했던 것이다.

어른이 되고 나면 어느 누구도 우리에게 꿈이 무엇인지 묻지 않는다. 은퇴하면 무엇을 할 것인지에 대해서만 묻는다. 나이가 들어서 새로운 일을 시작한 이들도 많다. 꿈을 가져 보자. 모두가 "나에게는 꿈이 있습니다"라는 말을 해 봤을 것이다.

애틀란타에 있는 마틴 루터 킹 기념관 　　　　　　　　　　　　　　　(사진 : 이경숙)

마틴 루터 킹 기념관 내 전시 사진

문화를 알면 영어가 들린다

미국에 이민 온 초기 정착자나 여행을 오는 한국인들이 힘들어하는 것이 바로 영어로 의사소통하는 것이다. 영어를 좀 하는 사람들도 영어를 알아듣지 못하거나 이해하지 못해 당황스러워하는 경우가 있다. 나도 예외는 아니었다. 내가 일하는 분야의 대화는 쉽게 알아들을 수 있었는데, 비전문 분야의 대화는 귀를 쫑긋하고 들어도 알아듣기 힘들었다. 마찬가지다. 그 나라의 문화를 이해하지 못하면 영어가 어렵게 느껴진다. 실제 그들이 쓰는 말은 상당히 쉬운데도 말이다.

영어가 안 들린다고 당황하지 말자. 문화를 모르거나 이전에는 그러한 상황에 놓여 본 적이 없기 때문에 들어 본 적도 없거나 말을 해 볼 이유도 없었을 것이다.

대학 시절에 들었던 우스갯소리인지 실화인지 모를 이야기가 있다. 우리나라에서는 교통 위반으로 경찰에 걸리면 보통은 "한 번만 봐주세요"라고 읍소하거나 오히려 경찰에게 대들기도 한다. 미국에서 교통 위반으로 적발된 한국인이 경관에게 '한 번 봐주세요'를 'Look at me once'라고 말했다는 이야기다. 이때 적합한 영어 표현으로는 'Please give me a chance', 즉 '한 번만 기회를 주세요'다. 실제 나는 캐나다 유학 시절 의도치 않은 실수로 경관에게 걸렸을 때 상황 설명을 하면서 "Please give me a chance"라 하며 읍소했더니 그냥 보내 준 적이 있었다. 미국에서는 경관에게 절대 항의하거나 대들면 안 된다. 그들은 공권력에 대항하면 무기를 꺼내들 수 있음을 잊지 말자.

축구 클럽에 들어간 막내아들이 뛰는 경기를 보는데 관중들이 자꾸 '매논, 매논' 하고 소리치는 것이다. 처음엔 누구 이름을 부르는 줄 알았는데 알고 보니 '맨온Man on', 즉 뒤에 '상대편 선수가 있다'를 짧게 말한 것이었다.

이번엔 커피 얘기를 좀 해 보자. 시애틀에서는 커피숍에 자주 간다. 커피 문화도 한국과는 다르다. 미국에서 아메리카노를 주문하면 "Do you want room for cream?"이라는 말을 꼭 듣게 된다. 한국에서 아메리카노를 시킬 땐 절대 들을 수 없는 말이다. 미국인들은 아메리카노 위에 크림을 얹어 먹는 경우가 있어서 "Yes please" 하고 답하면 컵의 70퍼센트 정도만 채우고 30퍼센트는 크림을 넣도록 공간을 남겨 놓는다. 난 처음에 무슨 말인지는 알겠는데 왜 크림을 넣을 공간을 물어보는지 이해를 못 했다.

그리고 커피를 주문하고 나면 스타벅스 등 일부 체인점에서는 커피가 나왔을 때 알 수 있도록 "What are you called?" 하고 이름을 물어본다. 스타벅스에서는 손님들을 친근하게 대하기 위해서 커피 컵에 손님의 이름을 쓴다. 물론 이름이 어려운 경우엔 짧게 말한다. 직원이 발음을 제대로 못 할 수도 있기 때문이다. 이름이 크리스티나처럼 길면 크리스라고 짧게 말하기도 한다. 또, 자기 이름을 다른 대기하는 이들이 알지 못하도록 자신만의 닉네임이나 가짜 이름을 말하기도 한다. 당황하지 말고 자기 이름이 아니어도 되니 생각나는 짧은 이름을 말하면 된다. 최근에는 중국인 여학생이 커피를 주문했을 때 원하는 이름을 커피 컵에 쓰지 않고 '칭크스Chinks'라고 비하해서 쓴 경우가 있어서 비판을 받기도 했다. 'Chinks'는 글자 그대로 중국인을 연상시키고 눈이 찢어진 것처럼 생겼다고 해서 비하하는 것이다. 꼭 중국인에게만 쓰이는 것은 아니다. 한중일 삼국인을 잘 구별하지 못하므로 한국과 일본인에게도 쓰일 수도 있다. 한국인을 비하하는 말로 '국스Gooks'라 부르기도 하니 알아둬야 한다. 일본인들한데는 '잽스Japs'라고 비하하기도 한다.

커피점이든 패스트푸드점이든 주문을 하면 여기서 먹을 것인가 아니면 포장해서 가지고 갈 것인가라는 의미로 "For here or to go?"라고 물어보니 'here' 또는 'to go'라고 말하면 된다. 내가 학교에서 배웠던 것과 현실에서 체험한 가장 큰 괴리감을 느꼈던 것은 먹다 남은 음식을 싸 달라고 할 때다. 나는 서양인들이 남은 음식을 종업원에게 싸 달라고 할 때 부끄러우니 집에 있는 강아지한테 주겠다는 의미로 도기 백Doggy bag에 넣어 달라고 한다고 배웠다. 실제 난 사원 시절에 임원급 상사가 유럽에서 남은 음식을 도기 백에 넣어 달라고 하는 것을 보았고 그래서 도기 백이라는 말을 쓰는 줄 알았는데 웬걸, 미국에서는 그냥 투고 박스To-go box에 담아 달라고 하거나 남은 음식물을 내가 쌀 테니 투고 박스를 달라고 하는 것이었다. 역시 문화를 알아야 영어를 이해할 수 있다는 것을 다시 한번 깨닫게 됐다. 그런 대표적인 영어 표현 중의 하나가 상대방을 처음 만났을 때 "How do you do?"라고 하는 표현이다. 내 경험으로는 "How are you doing?", "How are you?", "Nice to meet you" 정도였지 "How do you do?"는 들어 본 적이 없을 정도로 우리가 배운 영어와 현지 영어는 정말 딴판이었다. 지금 우리나라의 학생들이 어떻게 배우는지는 몰라도 우리가 배울 때는 그랬다. 영어 학습의 문제점 중 하나인 것이다.

커피점에서 커피가 뜨거울 때 커피 컵에 끼우는 종이를 컵 홀더Cup holder라고 부르는데 이보다 재미있는 이름으로 '커피 슬리브Coffee sleeve' 또는 그냥 '슬리브'를 달라고 하면 된다. 슬리브는 소매라는 뜻인데 이렇게 하면 커피 컵이 사람의 팔이 되는 격이다. 스타벅스 같은 곳에서는 뜨거운 커피를 들고 갈 때 흔들려서 커피가 새는 것을 막으려고 끼우는 막대를 스토퍼Stopper라 하며 커피 컵을 몇 개 끼워서 들고 가는 손잡이가 있는 것을 캐리어Carrier라고 한다. 커피 컵의 뚜껑은 자연스럽게 캡Cap이 된다.

일부 독립적인 커피점에서는 태블릿으로 결제하면서 화면을 보고 서명하라고 하는데 거기엔 봉사료 칸이 있으니 커피 한 잔 주문했으면 0.5불 정도로 적어서 지불하면 되고 주지 않아도 무방하다. 사실 이렇게 독립적인 커피 전문점은 맛은 있지만 봉사료 받는 칸이 있어 부담스러울 때가 많다.

성인 남자라면 엘리베이터를 타거나 내릴 때 여성이나 노약자에게 '먼저 내리세요' 또는 '먼저 타세요' 하는 뜻으로 "After you"라고 말한다면 굉장히 매너 있는 사람이 될 것이다.

우리나라에서는 골프의 파 3홀에서 최근접한 볼을 친 플레이어에게 상을 주거나 내기를 할 때 니어리스트Nearest라고 하는데 이는 'Nearest to the pin'의 줄임말이다. 그런데 미국에서는 이를 'KP'라고 한다. 'Closest to the pin'의 줄임말이다. 그러면 왜 'CP'가 아니고 'KP'라고 하냐면 그냥 소리 나는 대로 스펠링을 쓴 것뿐이다.

도로에서 앞차에서 튕겨 온 돌에 맞아 차 유리에 찍힌 흔적이 생겼으면 바로 땜질을 해야 날씨가 차가워질 때 금이 가지 않는다. 돌에 찍힌 흔적을 락칩Rockchip이라 한다.

영어는 현지 문화를 이해하면서 습득해야 한다. 영어를 몰라서가 아니라 문화를 알지 못하고 그 상황을 경험하지 못해서 모르는 경우가 대부분이니 당황하지 말고 천천히 배운다는 생각을 하면 좋을 것이다.

브루스 리를 만나다

〈당산대형〉(1971), 〈맹룡과강〉(1972), 〈정무문〉(1972), 〈용쟁호투〉(1973). 초
등학생 시절 형이 나를 데리고 다니며 함께 봤던 브루스 리Bruce Lee, 즉 이소룡
의 영화들이다. 1940년생인 이소룡이 1973년에 세상을 떠났고 나는 이 영화들을
1975~1976년 사이에 본 것으로 기억하니까 그의 사후 한국에서 상영되었던 것
이다. 그 당시 이소룡의 인기가 대단해서 영화관에서 입석으로 영화를 봤던 기억
이 있다. 그리고 광주의 집에는 형이 걸어 놓은 이소룡 사진도 두어 개 있었다. 노
란색에 검은 줄이 있는 옷 그리고 가슴 앞이 V자로 패인 하얀 옷. 거기까지가 이
소룡에 대한 나의 기억이고 이후로 이소룡을 잊고 살았었다. 이후 성룡이나 이연
걸이 등장하기는 했으나 그 인기가 이소룡만큼은 못했다. 성룡이나 이연걸은 영
화배우였지만 이소룡은 영화배우이면서 진정한 무술인이었다. 이소룡은 실전에
서도 여러 명을 상대하며 싸워 이겼다고도 한다. 이소룡은 기존의 무술에서 벗어
나 절권도라는 새로운 무술을 창시했다. 유독 발차기를 자유자재로 했는데 이는
미국 태권도의 대부라 불리는 고 이준구 사범으로부터 배웠다. 이준구 사범은 이
소룡의 스승이면서 영화에 함께 출연하기도 했고 무하마드 알리에게도 태권도를
가르쳤던 스승이다.

　한동안 이소룡을 잊고 지냈던 나에게 갑자기 이소룡이 나타났다. 시애틀에 부
임하고 보니 이소룡의 묘지가 시애틀의 레이크 뷰Lake View 공원묘지에 있었다.
서쪽으로 시애틀 도심지와 동쪽으로 워싱턴 호수 사이에 솟은 언덕 위 최고의 경

관을 자랑하는 이곳에 이소룡은 본인보다 더 젊은 나이에 영화 촬영 중 사고로 세상을 떠난 아들 브랜든 리Brandon Lee와 나란히 묻혀 있다. 묘비에는 브루스 리와 실제 이름인 이진번李振藩. Lee Jun Fan이 표기돼 있다. 이소룡을 시애틀에서 만나게 될 줄은 꿈에도 몰랐다.

이소룡이 시애틀에 잠들기까지의 이야기는 이렇다. 그는 1940년 샌프란시스코에서 대이나 3개월 때 홍콩으로 가서 18세에 다시 샌프란시스코로 돌아왔다. 이후 그의 아버지 친구와 일하기 위해 시애틀로 이주했고 워싱턴 대학교에 입학해 철학을 전공했다. 그는 학교에 다니면서 틈틈이 시를 쓰기도 했다. 1959년 시애틀에서 이진번 쿵후 도장Lee Jun Fan Gung Fu Institute을 열었고 그의 무술을 배우러 온 워싱턴 대학교 학생인 시애틀 북부의 에버렛 태생인 린다 에머리Linda Emery와 결혼했다. 그리고 아들 브랜든 리와 딸 섀넌 리를 낳았다.

이소룡은 1973년 골든 하비스트와 워너 브러더스사의 합작인 〈용쟁호투〉에 출연했는데 영화 촬영 후 몇 개월이 안된 상영 몇 주 전인 1973년 7월 20일 쓰러져 사망했다. 사망 원인은 여러가지가 있지만 그중의 하나가 약물 부작용에 의한 것이라는 얘기도 있다. 당시 〈용쟁호투〉는 미국과 유럽에서 그해 최고의 흥행을 기록했다. 그의 죽음으로 완성하지 못했던 〈사망유희〉는 대역을 써서 완성됐다. 7월 31일 시애틀에서 열린 이소룡의 장례식에는 〈맹룡과강〉에 함께 출연했던 척 노리스가 참석했고 스티브 맥퀸과 제임스 코번이 그의 관을 운구했다.

철학과 시 쓰기를 좋아했던 이소룡은 젊은 나이에 그렇게 세상을 떠나 그가 젊었을 때 살았던 시애틀을 내려다보고 있다. 혼자 독차지할 것처럼 세상의 인기를 누렸던 그도 이제 한줌의 재로 아들과 함께 누워 있다. 그의 묘지 앞에 섰을 때 그를 처음 본 기쁨과 동시에 허무함이 밤안개처럼 밀려왔다. 부자의 이른 죽음이 슬품을 배가시키는 반면 함께 있으니 외롭지 않을 것만 같은 생각에 위안이 되기도 한다. 묘지 위에 놓인 어느 이름 모를 팬이 남기고 간 시든 꽃다발이 그를 위로하고 있는 것만 같았다.

시애틀 레이크 뷰 공원묘지에 잠들어 있는 이소룡과 아들 브랜든 리의 묘비

서북미의 지명과 토포필리아

나는 여행을 할 때 지나치는 나무, 바위, 강, 산, 계곡을 유심히 본다. 그리고 나서 도로 표지판에 쓰인 지명을 보면 그 지명이 왜 그렇게 지어졌는지 알게 되기도 하고 그 지명을 근거로 그 지역에 무엇이 있을 것이라는 짐작을 하기도 한다. 그래서 나는 운전을 하지 않을 때는 도로 표지판도 사진에 담는다. 지명은 다 의미를 담고 있기 때문이다. 예를 들면 일 호수Eel Lake, 일 강Eel River이 나오면 장어가 분명 많이 잡히는 곳일 테고, 엘크턴Elkton, 워터턴Waterton이 나오면 엘크나 물이 많이 있는 지역일 것이다. 또 브라운스빌Brownsville이라는 지명을 보면 최초 브라운 일가가 세운 마을일 것이라고 생각한다. 이렇게 지명으로 그 지역의 특징을 유추해 보는 것도 여행의 즐거움을 더해 준다.

그러나 서북미에는 유추할 수 없는 지명들이 너무도 많다. 원주민의 언어에서 따온 지명인 경우가 그렇다. 원주민을 존중해서 원주민 언어를 지명으로 채택했다고 하는 이도 있지만, 나는 원주민을 존중해서라기보다는 이 넓은 땅에서 이름을 새로 짓기도 보통 힘든 일이 아니었을 것이고 그래서 처음 듣는 원주민 말을 그대로 가져다 붙이지 않았을까 생각한다. 오죽 이름 짓기가 힘들고 귀찮았으면 'Nothing(애리조나)', 'No Name(콜로라도)' 등과 같은 이름을 지었을까 하는 생각이 든다. 서북미에서는 영어, 불어, 독일어, 스페인어 등의 지명이 많지만 원주민 언어의 지명도 수시로 접하게 된다. 처음 보거나 듣는 이들은 물론 뜻을 모른다. 사실 서북미에 사는 사람들도 원주민 언어의 지명을 다 알지 못한다.

캐나다를 대표하는 화가이자 현대 미술의 어머니로 독특한 원주민 문화를 그림 속에 녹여 낸 화가인 에밀리 카 Emily Carr 의 작품에서 보듯 신령스러운 삼나무 숲과 토착 원주민의 영향이 서북미의 문화 정체성에 짙게 깔려 있다. 시애틀의 어느 박물관에 가든 원주민의 영향을 받은 서북미 문화 정체성을 자랑스러워하는 전시를 쉽게 볼 수 있다. 그러나 이 땅을 누비던 그들은 지금 보이지 않는 곳으로, 삼나무 숲 어디론가 가 버린 것은 아닌지, 인간의 슬픈 지배 역사를 생각하며 탄식해 본다. 그런 안타까움 속에서도 이 지역 어딜 가나 만날 수 있는 원주민의 언어를 딴 지명에서 새로운 위안과 땅의 의미를 발견한다. 시애틀 한국일보의 윤여춘 고문은 〈눈산 조망대〉 칼럼에서 원주민 말에서 유래된 워싱턴주 지명을 다음과 같이 설명한다.

"최대 도시인 시애틀은 인디언 추장 이름에서, 제2의 도시인 스포캔은 원주민 부족 이름에서 각각 땄고 제3의 도시 타코마는 원주민들이 '물의 어머니'로 추앙했던 타코마산(레이니어산)에서 땄다. 스노퀄미, 스노호미시, 퓨앨럽 등도 부족 이름이다. '이사쿠아'는 새소리, '스큄 Sequim'은 사냥터라는 뜻의 원주민 말이다.

한인들이 많이 사는 시애틀 북쪽의 머킬티오는 '야영하기 좋은 곳', 시택공항 인근의 턱윌라 Tukwila 는 그곳에 많은 개암나무(헤이즐넛)를 뜻한다. 웨나치는 '협곡에서 오는 강', 호큄 Hoaquim 은 '숲의 열망', 토페니시는 '산사태', 예음 Yelm 은 '강렬한 햇빛의 신기루'를 의미한다. 한결같이 시적이다. 페더럴웨이, 센트랄리아 따위의 멋없는 이름과는 비교가 안 된다."

대지 위에 새로운 도시가 탄생하고 허물어지기도 하지만 그 지명은 입에서 입으로 전해져 세대를 넘어 계속된다. 마치 이 땅에서 쫓겨난 원주민들이 대지를 나의 땅이라고 우기는 현대인들을 대신해 그 이름으로 땅의 신령함을 지키는 것 같다.

 워싱턴주 제2의 도시 스포캔

나는 내가 삶을 체험했던 곳이나 자주 듣거나 여행을 했던 곳의 지명을 들으면 가슴이 설레고 그 시절로 다시 돌아가고픈 생각이 든다. 특정한 장소를 사랑하고 애착하는 것을 가리켜 '토포필리아Topophilia' 라고 부르는데 그리스어로 장소를 뜻하는 '토포Topo'와 사랑을 뜻하는 '필리아Philia'를 합친 인문지리학적 용어로 '장소애(愛)' 정도로 번역된다. 그곳만의 특별한 공기가 몸과 마음의 구석구석을 휘감고 들어와 모든 것을 잊고 꼼짝 못 하도록 몰입하게 만드는 그런 관능적인 장소를 말한다.[21]

나에게 토포필리아는 고향인 광주가 있고 어렸을 적 어머니와 함께 살았던 나주의 산포와 다시가 있다. 산포나 다시에 갈 때 광주 백운동 버스정류장에서 아저씨들이 시외버스의 목적지를 외칠 때 듣던 그 지명들을 지금도 좋아한다. 나주의 영산포, 영암, 강진의 마량, 성전 그리고 목포, 무안, 해남, 진도, 완도 등 광주의 서남쪽 지역 이름들이 가슴 설레게 하는 그런 지명들이다. 아버지 고향인 영암의 군서, 조부모님의 예전 산소가 있었던 영암 독천, 어머니의 고향인 강진의 병영 등은 말할 필요도 없이 가슴 한편에 살며시 다가오는 그런 지명들이다. 미국에서는 시애틀은 물론 벨뷰, 이사콰, 커클랜드, 마운트 사이, 스노퀄미, 타코마 등이 나의 토포필리아다.

....
21 손관승, 『me, 베를린에서 나를 만났다』, 노란잠수함, 2018

올림픽 국립공원에 있는 허리케인 릿지Hurricane Ridge.
올림픽 국립공원에서 사람들이 가장 많이 방문하는 곳이다.

제
3
장

자연이
가르쳐 주는 것

더글러스 퍼Douglas Fir

시애틀에서 비는 성가심이 아닌 축복이다. 서북미 지역도 가뭄을 겪기도 하지만 캘리포니아가 겪는 가뭄을 생각해 보면 상황이 훨씬 나은 편이다. 워싱턴주에 내리는 비는 커다란 축복이다. 비가 있기에 전나무의 일종인 더글라스 퍼 등 침엽수로 이루어진 빽빽한 삼림, 수많은 호수, 빙하를 볼 수 있다. 캘리포니아를 다녀오며 시애틀 타코마공항에 착륙하기 직전에 펼쳐지는 눈 덮인 산, 호수, 퓨짓 사운드 그리고 나무들을 보면서 시애틀이 얼마나 멋진 곳인지 느낄 수 있었다. 감탄사가 절로 나올 정도로 아름답다.

서북미를 여행하면서는 보고 지나치는 모든 것을 유심히 보게 된다. 나무도 예외는 아니다. 서북미에는 수많은 나무가 있지만, 나는 더글러스 퍼를 가장 좋아한다. 더글러스 퍼는 소나무 종류인 헴록Hemlock, 가문비나무 종류인 스프러스Spruce와 더불어 가장 많이 수출되는 목재다. 과거에는 이 세 가지 수종을 미국에서 들여온 소나무라 구별하지 않고 모두 미송이라고 불렀는데 지금은 미송이라고 하면 어느 나무를 말하는지 모르기 때문에 각각의 이름을 사용한다.

더글러스 퍼의 잎과 솔방울

자주 듣는 캐스케이드 서부의 나무들을 쉽게 정리한다면 퍼 종류의 나무는 전나무, 스프러스 종류의 나무는 가문비나

켄트Kent의 메리디앤 밸리Meridian Valley 골프장에 있는 전형적인 형태의 더글러스 퍼

올림픽 반도의 북부에 있는 모래톱인 던지니스 스핏의 유목Driftwood
바다 건너 왼쪽이 캐나다 밴쿠버섬이고 오른쪽 섬들이 미국령 산 후안 제도다.

무, 헴록은 소나무, 시다Cedar는 삼나무, 버치Birch는 자작나무로 보면 된다.

더글러스 퍼는 서북미 식물학자인 데이비드 더글러스의 이름을 따서 붙여졌다. 나는 시애틀에서 더글러스 퍼를 처음 봤다. 쭉 뻗은 나무에 가지는 밑으로 처지는 듯하다가 끝 부분에 가서는 위로 가지를 솟구친다. 솔방울을 달고 무거워도 끝은 반드시 위로 솟구친다. 이런 나무의 윗부분의 모습은 마치 투구를 쓴 전사의 모습 같기도 하고, 가지의 끝은 손등을 위로 구부린 무용수들의 모습 같기도 하고, 알레산드로 멘디니의 와인 오프너인 안나 G의 팔을 벌린 모습 같기도 하다. 서북미에는 많은 나무들이 있고 퍼 종류의 나무라도 전문가가 아니면 구별해 내기가 힘들다. 가장 쉽게 구별할 수 있는 방법이 솔방울과 나뭇잎 또는 수피를 보는 것인데 서북미의 침엽수는 솔방울과 잎의 생김새로 구별하는 것이 더 쉽다. 더글러스 퍼는 솔방울이 날씬하지만 가는 줄기가 솔방울 위로 쭉 뻗어 있어 쉽게 구분이 가능하다.

곧게 자라나는 서북미의 나무들은 높이 자라는 대신 쉽게 쓰러지기도 한다. 캐스케이드 서부에는 비가 많이 와서 나무들이 뿌리를 깊게 내리지 않는다. 그래서 집을 고를 때는 주변에 쓰러질 만한 나무가 있는지 꼭 살펴야 하고 바람이 심한 날 큰 나무들이 있는 길을 지날 때는 특히 조심해야 한다. 그런데 아이러니하게도 넘어진 나무들이 장관을 이룬다. 숲속 나무 사이로 수없이 쓰러져 있는 나무들을 보라. 이 쓰러진 나무들이 동물들의 은신처가 되기도 한다. 워싱턴주 해안가에 떠다니는 나무들과 해안에 상륙한 유목도 장관이다. 해안가에 떠다니는 나무들은 서북미 최북단인 케이프 플래터리Cape Flattery, 해안에 상륙한 유목은 올림픽 반도에 있는 긴 모래톱인 던지니스 스핏Dungeness Spit에서 장관을 이룬다.

블랙베리와
스카치 브룸Scotch broom의 싸움

여름이면 도롯가, 골프장, 집 주변에 지천으로 자라는 복분자인 블랙베리 Blackberry도 좋다. 어느 해 여름, 집 현관 앞에 있는 가시 많은 덩굴과 찔레꽃 같은 하얀 꽃 그리고 검붉은 열매가 블랙베리라는 것을 알게 됐다. 여름이면 흐드러지게 얽힌 가지하며 검붉게 익어 가는 블랙베리가 얼마나 탐스러운지 모른다.

5월이면 도롯가에 노란 꽃을 피우는 스카치 브룸을 개나리로 오해하는 사람들이 많은데 절대로 개나리가 아니다. 우리말로는 양골담초로 불린다. 유럽에서 들어온 종으로 개화하면 알레르기를 일으키는 포자를 방출한다. 스코틀랜드인들이 빗자루로 사용해서 이런 이름이 붙여졌다고 한다. 스카치 브룸은 번식력이 강하고 독성이 강해 주변의 식물을 고사시킨다. 개미가 씨앗을 물고 이동해 번식을 도와주는데 개미들이 이 씨앗의 겉부분만 먹고 알맹이는 버리기 때문이다. 그 놀라운 번식력에 어찌하기 힘들다고 한다.[22]

그런데 길을 다니면서 유심히 보니 이 블랙베리가 있는 곳에는 스카치 브룸이 번식을 못 한다는 생각이 들었다. 블랙베리는 가시 많은 가지가 얽히고 설켜서 열매를 따러 안으로 들어가기가 어렵다. 여름철 도롯가에 피는 블랙베리와 스카치 브룸의 싸움을 보는 것도 하나의 큰 재미다.

....

22 기사: "Weed warriors vanquishing Scotch broom on local prairie", The Seattle
    Times, 2013.5.8.

스카치 브룸과 블랙베리 넝쿨

서북미에는 또한 많은 종류의 나무가 있다. 눈에 띄는 것이 도토리가 있는 참나무Oak tree다. 타코마와 인접한 레이크우드Lakewood 지역에서 많이 볼 수 있는 나무인데 서북미 해안 지역에서 자라는 참나무는 모두 개리 오크Garry oak 또는 오리건 화이트 오크Oregon white oak라고 보면 된다. 캘리포니아에서 자라는 비슷한 참나무는 캘리포니아 블랙 오크California black oak라 불린다.[23] 한국에서는 대표적인 참나무로 떡갈나무, 신갈나무, 굴참나무, 상수리나무, 갈참나무, 졸참나무 등 6형제가 있는데 개리 오크는 한국 참나무의 잎 모양과는 약간 다르다. 한국의 산에서는 참나무를 자주 보게 되는데 쉽게 이름을 알 수 있는 방법이 있다. 떡갈나무는 떡을 싸 먹을 수 있을 정도로 잎사귀가 크지만 나무 키는 제일 작다. 신갈나무는 잎사귀가 신발 깔창으로 쓰기 알맞은 크기고 상수리나무는 도토리 맛이 으뜸이라 임금님 수라상에 올랐다 해서 상 수라, 즉 상수리나무가 됐다. 굴참나무는 수피의 코르크가 발달해 골이 깊어 골 참나무, 굴참나무가 됐는데 강원도 산간 지방의 굴피집은 이 두꺼운 수피로 지붕을 올린 집이다. 나는 등산할 때마다 가끔 마주치는 굴참나무가 반갑고 그 수피를 좋아한다. 갈참나무는 가을 단풍이 예쁘고 가을 늦게까지 잎을 달고 있어 가을 참나무, 갈참나무가 됐다. 졸참나무는 잎과 도토리가 제일 작아 졸병 참나무, 졸참나무가 되었는데 그래도 나무는 제일 크다. 참나무는 나무 껍질이나 잎과 열매로 구분을 할 수 있다. 한국의 산에 가보면 소나무보다도 참나무가 더 많이 자란다.

8.18 판문점 도끼 만행 사건과 '포플러 이파리는 작은 손바닥'이라는 동요를 생각나게 하는 미루나무, 봄철 목화처럼 하얀 솜을 흩날리는 블랙 코튼우드도 많다. '사시나무 떨듯 떤다'라고 할 때 그 사시나무인 아스펜Aspen도 있다. 그래서 영어로도 '떤다'는 의미가 들어간 퀘이킹Quaking 또는 트렘블링 아스펜Trembling aspen으

23 Jim Pojar and Andy MacKinnon, 『Plants of the Pacific Northwest Coast』, Lone Pine, 1994

로 불린다. 이 세 가지 나무는 버드나무과로 블랙 코튼우드와 아스펜은 그 잎으로 구별이 가능하다. 아스펜 잎은 블랙 코튼우드의 잎에 비해 하트 모양으로 잎 줄기가 납작해 아주 가벼운 바람에도 쉽게 흔들리는 특징이 있다.[24] 서늘한 것을 좋아하는 사시나무는 햇볕을 찾아 올라간 나뭇가지의 열을 내리기 위해 미세한 바람에도 스스로 떠는 생존 전략을 갖고 있다. 나는 하트 모양의 잎을 가진 이 사시나무, 아스펜이 좋다.

북미가 원산지인 블루베리도 지천이다. 이름과 달리 베리류와는 관계가 없는 진달랫과로 고산지대가 많은 북한에서도 생산되는데 북한에서는 이를 들쭉이라고 부른다. 2차대전 당시, 블루베리 잼을 먹고 밤에 출격했던 조종사들이 폭격 목표가 너무 잘 보였다는 보고를 한 후 연구 결과를 통해 블루베리가 눈을 맑게 하는 효과가 있다고 알려졌다는 얘기도 있는데 이는 어찌 됐든, 의학적으로 눈 건강에는 좋은 효과가 있음이 밝혀졌다. 미국에서 많이 생산되는 크랜베리도 진달랫과다. 한국의 마트에서 파는 크랜베리가 들어간 제품들을 보면 크랜베리는 대부분 미국산이다. 가을 미루나무의 노란 단풍, 블루베리의 붉은 단풍을 보는 것도 볼만하다. 일본이 자생지이고 피톤치드를 만들며 물속에서도 썩지 않아 온천 욕조를 만들 때 많이 쓰고 샴푸 등 모발 제품을 만드는 데에도 쓰이는 측백나뭇과의 편백나무Japanese cypress tree도 있다.

또 다른 나무들 사이에 한두 그루씩 나타나는 알부투스Arbutus라는 나무가 있다. 수피에 붉은색의 얇은 껍질이 있고 꽃도 붉은색이며 키가 다른 나무에 비해 큰 편이라 눈에 쉽게 띈다. 알부투스는 라틴어로 '스트로베리 트리'라는 뜻을 갖고 있다. 살리쉬Salish[25] 원주민들은 대홍수 시기에 이 나무에 카누를 묶어 두어 살

─────────────

24 위의 책, 46

25 원래 살리쉬는 현재 몬태나주에 있는 비터루트Bitterroot 살리쉬 부족과 그 언어를 쓰는 부족을 일컬

아남게 된 전설을 갖고 있다. 그래서 살리쉬 원주민들은 이 나무를 절대 땔감으로 쓰지 않는다.[26] 살리쉬해의 대홍수는 뒤에 나오는 〈악명 높은 체임버스 베이〉 내용을 참조하기 바란다.

　서북미에는 참으로 많은 종류의 나무가 있다. 아직도 이름 모르는 나무들이 있어 마주칠 때마다 무슨 나무인지 궁금해 찾아보곤 한다. 침엽수와 활엽수가 옹기종기 모여 살아가는 모습이 흐뭇하다. 이러한 나무들을 볼 때마다 우리 인류도 생김새와 피부색에 관계없이 오손도손 함께 살아간다면 얼마나 좋을까 하는 생각이 든다.

....

　　었으나, 언어학자들에 의해 연관된 언어를 사용하는 몬태나에서 서북미 태평양 연안까지 거주하는 원주민들을 포괄하는 의미로 사용되고 있다. 그래서 살리쉬해Salish Sea는 퓨짓 사운드, 후안 데 푸카 해협 그리고 밴쿠버섬과 캐나다 본토 사이의 조지아해협을 아우르는 넓은 바다를 뜻한다.

26　Jim Pojar and Andy MacKinnon, 『Plants of the Pacific Northwest Coast』, Lone Pine, 1994

레이크우드Lakewood의 오크브루크Oakbrook 골프장의 참나무
수피가 밝은 나무가 알부투스 나무다

밤안개를 먹고 자라는 나무

나무 얘기를 할 때, 빼놓을 수 없는 나무가 있다. 오리건주 남부와 캘리포니아 주 북부 해안가에서만 자라는 레드우드다. 정확히 말하면 코스트 레드우드Coast redwood다. 레드우드는 세계에서 가장 높게 자라는 나무로 110미터까지도 자라며 2000년까지도 사는데 평균 수명은 500년에서 700년이다. 이들은 왜 끝없이 하늘로 하늘로 자라게 되었을까? 놀랍게도 이유는 수분을 흡수하기 위해서다. 이곳 해안 지역은 비가 잘 내리지 않는다. 대신 레드우드는 북상하는 캘리포니아 근해의 차가운 바닷물과 해가 지면서 차가워진 하층의 공기에서 발생해 해안으로 밀려오는 안개에서 수분을 흡수한다. 샌프란시스코에서 자욱한 안개를 경험하신 분들이라면 이러한 상황이 어떤 것인지 이해가 갈 것이다. 보통의 나무들이 땅에서 수분을 흡수하는 데 반해 레드우드는 위에서 안개를 머금고 그 수분을 밑으로 흘려보낸다. 얼마나 놀라운 환경 적응에 의한 생존 전략인가.

레드우드가 머금는 안개를 제대로 보려면 해가 질 때 국립공원을 통과하면 된다. 하지만 한 치 앞도 보이지 않는 짙은 안개를 만나는 위험을 감수해야 한다. 나는 안개를 피해 일찍 레드우드 국립공원을 지나 공원 남쪽에 있는 유레카Eureka까지 가려고 했으나 멋진 오리건주 남부 해안을 보다가 지체하는 바람에 안개와 맞닥뜨렸는데 짙게 밀려오는 안개를 보고 있으려니 정말로 무섭고 긴장되었다. 레드우드는 현재까지 알려진 병이 없고 의미 있는 해충으로 인한 피해도 없다고 하니 원주민들이 신령스럽게 생각했을 만도 하다.[27]

....

27 Redwood National Park Guide Map

남부 오리건에서 해질녘에 발생하는 안개. 레드우드 국립공원의 안개도 이런 식으로 해안
으로부터 밀려든다.

북부 캘리포니아에 있는 레드우드 국립공원. 멀리 태평양이 보인다.

서북미의 다양한 나무를 보면서 궁금한 것들이 많았는데 나는 주재 4년이 다지난 시점에서 시택공항 앞에 있는 아름드리 두 그루의 나무가 바로 이 레드우드라는 것을 알았다. 이게 무슨 나무인가 물어봐도 아는 사람이 없었다. 어느날 솔방울을 주워서 자료를 찾아보고 코스트 레드우드라는 것을 알게 됐다. 이 솔방울은 8월에서 9월 사이에 완전하게 자라는데 그 크기는 올리브보다 약간 크며 참앙증맞게도 귀엽게 생겼다. 시애틀공항 앞 시택 오피스 센터에 들어서면 한 가운데에 두 그루의 아름드리 나무가 있다. 항상 출퇴근하면서 아름답다고 생각했는데 그 나무가 바로 코스트 레드우드였다. 눈앞에 두고도 알지 못하는 이 무지함을 어찌할지 답답하다.

시애틀공항 앞 쌍둥이 건물인 시택 오피스 센터에 있는 코스트 레드우드

세인트헬렌스를 바라보며
광주를 생각하다

워싱턴주에는 국립공원이 세 개나 있다. 올림픽, 노스 캐스케이드 그리고 레이니어 국립공원이 있는데 모두 산이다. 이 또한 워싱턴주에는 커다란 축복이다. 이웃 오리건주에는 크레이터 레이크 국립공원 하나뿐이다. 아이다호주는 옐로우스톤 국립공원을 와이오밍주와 공유하기는 하지만 볼만한 곳은 모두 와이오밍주에 있고 아이다호주는 국립공원의 서쪽 가장자리 일부만 공유하고 있다. 몬태나주는 옐로우스톤 국립공원의 북쪽 가장자리를 공유하지만 글레이셔 국립공원이라는 멋진 산이 있다.

2011년 말 시애틀 지점장으로 발령받았을 때 여덟 살 위인 친형이 나에게 한 말이 있었다. 거기 가면 세인트헬렌스산(2,550미터)이 있는데 화산 폭발한 적이 있다고 했다. 그때는 무심코 들었는데 시애틀에 오니 가장 유명하고 상징적인 산이 레이니어산(4,392미터)이었다. 형이 레이니어가 아니고 왜 세인트헬렌스를 얘기했을까 궁금했다.

세인트헬렌스는 1980년 5월 18일에 폭발했다. 당시 군 복무 중이었던 형은 그날 무슨 일이 일어났는지 중학교 2학년이었던 나보다 더 많은 소식을 듣고 알았을 것이다. 이날은 고향인 광주에서 민주화운동이 일어났던 날이다. 물론 미국 워싱턴주에 있는 세인트헬렌스 화산이 폭발했다는 소식도 들었을 것이다. 그래서 형은 시애틀 하니까 스타벅스, 스페이스 니들 타워나 레이니어가 아닌 세인트헬렌스를 제일 먼저 떠올린 것이다.

5.18은 나에게 항상 각별한 숫자로 다가온다. 5.18 광주 민주화운동, 광주의 한을 미국에까지 알리고 싶었던 걸까? 57명이 사망한 세인트헬렌스 화산의 폭발도 같은 해, 같은 날인 5월 18일이다. 우연의 일치일까? 아시아나항공의 서울-시애틀 노선 취항일도 1995년 5월 18일이다. 시택공항 앞에 있는 지점에 출퇴근할 때 꼭 지나는 도로 번호도 518이다.

세인트헬렌스 화산은 1980년 3월 20일부터 흔들리기 시작했으며 4월 19일에는 산의 북쪽 측면이 눈에 띄게 부풀어 올랐는데 놀랍게도 아무도 그것이 측면 폭발의 징조임을 알아차리지 못했다. 그 이유는 지진학자들이 측면 폭발을 한 적이 없는 하와이의 화산 움직임만을 근거로 분석하였기 때문이라고 한다. 다만 타코마 전문대학교Tacoma Community College의 지질학 교수였던 잭 하이드Jack Hyde만 엄청난 일이 일어날 것이라고 믿었다. 세인트헬렌스는 열린 분출구가 없기 때문에 내부 압력이 쌓이면 엄청난 규모로 터져 나올 것이라고 예측했다. 그는 5월 6일 타코마 뉴스 트리뷴Tacoma News Tribune지와의 인터뷰에서 산의 북쪽면이 하루 1.5미터씩 부풀어 오르고 있고 경사도가 커지면서 불안정해지고 있어 마그마 가스 분출 등의 사전 경고 없이 엄청난 산사태가 일어난 후 '스펙터클'한 폭발이 있을 것이라고 예측했다. 그러면서 그는 북쪽 측면을 정면으로 바라보는 곳에서 화산을 관측하는 것은 장전된 총의 총구를 똑바로 바라보고 있는 것과 같으니 그곳에서 관측하는 사람은 없기를 바란다고 말했다.[28]

그러나 공식 조사단의 일원이 아닌 그의 말에 아무도 귀를 기울이지 않았다.

....

28 Richard V. Fisher, Grant Heiken, Jeffrey B. Hulen, 1998, 『Volcanoes: Crucibles of Change』, Princeton University Press, 25-26

114

5월 18일 일요일 오전 8시 32분 화산의 북쪽 측면이 붕괴되면서 엄청난 양의 흙과 암석들이 시속 240킬로미터로 경사면을 따라 쏟아져 내렸다. 이는 인류 역사상 가장 큰 산사태였으며 흘러내린 토사의 양은 맨하탄을 120미터 두께로 덮을 양이었는데, 이는 히로시마 원자폭탄의 500배 규모라 하니 그 위력은 가히 상상을 초월한다.[29]

57명의 화산 폭발 희생자 중에는 83세의 해리 트루먼Harry Truman(1896~1980) 옹이 있다. 그는 정부의 소개 명령과 가족과 친구들의 간곡한 설득에도 불구하고 산을 떠날 것을 거부하면서 전국적으로 일약 유명인사가 되었고 대중들의 영웅이 됐다. 그는 "나는 반 평생을 여기서 살아왔고 3년 전에 죽은 아내를 이곳에 묻었어. 저 산은 내 몸의 일부고 나는 저 산의 일부가 되었으니 이곳을 떠날 수 없는 몸이야"라며 스피리트Spirit호수 인근에 있는 집에서 떠나기를 완강히 거부하고 화산 폭발과 함께 산에 묻혀 자연과 하나가 됐다.[30] 그는 웨스트버지니아주 출신으로 존 덴버가 노래했던 '거의 천국과 같은' 고향을 떠나 세인트헬렌스 자락 스피리트호 인근에서 오두막을 짓고 살았는데 나는 왠지 그가 고향처럼 아름다운 세인트헬렌스를 떠날 수 없었을 것이라는 생각이 들었다.

그는 문명을 싫어해 자연에서 살았고 인상된 세금 납부를 거부하기도 하는 등 공권력에 저항하기도 했다. 술을 좋아했고 공화당을 싫어했다는 그는, 자유와 저항의 시애틀 정신과 일맥상통하는 그런 자유로운 영혼이었던 것 같다. 그래서 대중들은 그의 저항에 열광했나 보다. 나는 세인트헬렌스를 보면 해리 트루먼 옹과 광주의 자유와 저항 정신이 떠오른다. 해리 트루먼과 광주 사람들은 공권력에 대항해 스스로를 고립했고 기꺼이 죽음을 선택했다. 나는 광주 민주화운동 당시 미

29 빌 브라이슨, 『거의 모든 것의 역사』, 까치, 2008
30 Wikipedia, Harry R. Truman

멀리 북서쪽 면이 산사태와 폭발로 사라진 세인트헬렌스산

국이 우리를 돕기 위해 올 것이라며 광주 사람들이 말하던 것을 들었던 기억이 있다. 그러나 '은마'는 끝내 오지 않았고 사람들은 미국이 세인트헬렌스 폭발로 광주를 도울 겨를이 없었을 거라며 스스로를 위안했다. 지금은 실상이 그 반대였음을 잘 알지만 말이다.

세인트헬렌스 방문자 센터에 가면 화산 폭발 과정과 트루먼 옹의 인터뷰 내용이 나온다. 23구의 시신은 찾을 수도 없었다. 산에서 30킬로미터 떨어진 곳에서도 사망한 사람이 있었다. 인간은 화산 폭발의 징조를 제대로 알아차리지 못하고 그 거대한 자연 앞에서 거만했을 뿐이었다.

사망자 중엔 최초로 화산 폭발을 보고한 직후 사망한 데이비드 존스턴이라는 사람이 있다. 그는 그날 해리 글리켄이라는 대학원생을 대신해서 관측소에서 일을 했다. 글리켄이 5월 18일 캘리포니아에서 있을 면접에 참석해야 했기 때문이다. 인명은 재천인지 글리켄도 11년 후에 잘못된 예측을 했던 일본 규슈의 운젠 화산에서 나온 과열된 화산재, 가스와 녹은 화쇄암에 희생되고 말았다.[31]

화산 폭발로 세인트헬렌스산의 정상은 390미터가 낮아졌고 15만 채에서 30만 채의 집을 지을 숲이 사라졌다. 폭발 후 10분 이내에 거대한 연기와 화산재가 1만 8,000미터까지 솟아올랐다. 세인트헬렌스산 동쪽으로 130킬로미터 떨어진 당시 인구 5만의 도시 야키마Yakima는 1.5센티미터의 화산재에 무방비로 있다가 자동차, 기계 장치 등에 이상이 생겼다. 공항은 폐쇄되었고 도시로 통하는 모든 도로도 막혀 버렸다. 도시 전체가 마비되었다.[32] 1997년에 개봉한 로저 도널드슨Roger Donaldson 감독의 영화 〈단테스 피크Dante's Peak〉는 세인트헬렌스 화산 폭발을 소재

....
31 빌 브라이슨, 2008, 《거의 모든 것의 역사》, 까치, 238
32 위의 책, 239

로 한 것이다.

　현재 전 세계 대부분의 빙하가 줄어들고 있는 상황인데 세인트헬렌스산의 북서쪽 면이 폭발로 날아가면서 놀랍게도 분화구 남쪽 면에서 북쪽으로 빙하가 자라고 있다. 북쪽에서 들이치는 눈바람이 분화구 남쪽 면에 눈을 쌓이게 하고 이 남쪽 면이 햇빛을 막아 주기 때문이다.[33] 자연은 말 그대로 스스로 치유하고 복원한다. 우리는 환경 훼손과 난개발 등이 얼마나 심각한 결과를 가져올지 모르는 척하는 것 같다. 눈앞의 이익이 우선시되고 자연의 경고는 무시되기 일쑤다. 세인트헬렌스 화산 폭발은 인간이 얼마나 나약한 존재인지 자연 앞에서 우리가 얼마나 겸손해야 하는지를 가르쳐 준 세기적 대사건이었다. 세인트헬렌스는 화산 폭발 후 25년 만에 자연 생태계가 거의 복원됐다. 그래서 지금은 자연학습의 장으로 활용되고 있다. 자연의 경고를 무시하면 어떤 결과를 보여주는지 깨달을 수 있는 상징적인 곳이 됐다.

33　기사: "Fire and Ice: Steamy St. Helens Grows a Glacier", The Seattle Times, 2015.7.5.

세인트헬렌스 인근 스피리트 호수

살아 움직이는 옐로우스톤

화산이라고 하면 우리는 보통 원뿔 모양[34]의 후지산이나 킬리만자로와 같은 산을 생각한다. 1872년 미국을 포함한 전 세계에서 처음으로 국립공원 1호로 지정된 옐로우스톤은 칼데라[35]가 없다. 아니 겉으로는 없는 것처럼 보인다. 처음엔 지질 연구원들도 옐로우스톤에 칼데라가 없는 것을 이상하게만 여겼다. 그런데 나사NASA가 개발한 고공 카메라로 찍은 사진을 보고 칼데라를 찾지 못했던 이유를 알아냈다고 한다. 890만 제곱미터에 달하는 국립공원 전체가 하나의 거대한 칼데라인 것이었다. 옐로우스톤 국립공원 안내 지도에는 대략적인 칼데라 경계선을 표시해 놓았는데, 국립공원 내 주요 관광지 대부분이 이 칼데라 경계 안에 있다.

옐로우스톤의 간헐천과 온천의 수는 전 세계에 있는 것을 합한 것보다도 더 많을 정도로 그 규모는 가히 상상 이상이다. 분화구의 지름이 64킬로미터가 넘어서 지표면에서는 찾을 수가 없었던 것이다. 과거에 우리가 상상할 수 없을 정도의 대폭발이 있었음이 분명하다. 현재 세계에서 눈으로 볼 수 있는 가장 큰 칼데라는 일본 규슈 구마모토현에 있는 아소산(1,592 미터)으로 분화구 크기가 동서 17킬로미터, 남북 25킬로미터에 둘레만 120킬로미터에 달한다. 하지만 옐로우스톤은 지상에서는 칼데라 전체를 볼 수 없는 최대 규모의 칼데라로 차원이 다르다.[36]

....

34 세계에서 가장 완벽한 원뿔 모양의 화산은 필리핀 남부 루손섬에 있는 마욘Mayon 화산이다.

35 가마솥을 뜻하는 라틴어 'Cauldron'에서 유래

36 빌 브라이슨, 『거의 모든 것의 역사』, 까치, 2008

△ 옐로우스톤 최대의 간헐천인 올드 페이스풀Old Faithful

옐로우스톤의 매머드 온천Mammoth Hot Springs

다양한 형태로 나오는 옐로우스톤의 온천수

옐로우스톤을 찾는 사람들은 미국의 로드아일랜드 정도의 크기로 13킬로미터까지 쌓아 놓은 다이너마이트 위를 걸어 다니고 있는 것이나 마찬가지다. 옐로우스톤 밑의 거대 상승류는 지표면에 넓게 퍼진 모양이다. 이런 곳은 엄청난 양의 용암이 연속적으로 흘러나온다.

옐로우스톤을 제외한 모든 상승류는 아이슬랜드, 하와이, 카나리아, 아조레스, 갈라파고스 등 모두 바다에 있다.[37] 옐로우스톤의 상승류가 어떻게 해서 대륙판 밑으로 들어가 있는지는 아무도 모른다. 이 상승류는 연 평균 2.5센티미터씩 동쪽으로 움직이고 있는데, 워싱턴주 캐스케이드 동남부 지역, 오리건주는 캐스케이드 동북부 지역과 컬럼비아강 양안 지역, 아이다호주 서부 지역이 과거 옐로우스톤의 상승류에 의한 폭발로 이루어진 곳이다. 1,650만 년 전에 최초의 폭발 이후 100여 차례 폭발이 있었지만, 그중 가장 최근 세 차례의 폭발에 대해서만 기록이 남아 있다. 마지막 폭발은 1980년에 있었던 세인트헬렌스 폭발의 1,000배, 그 전의 폭발은 280배, 그 전의 것은 적어도 2,500배에서 8,000배의 규모였을 것으로 추정한다. 세인트헬렌스가 히로시마 원폭의 500배 규모였으니 옐로우스톤의 폭발은 도대체 상상할 수 없는 규모다. 200만 년 전에 일어났던 옐로우스톤의 폭발은 아이다호주에서 있었는데 이 폭발때 쏟아져 나온 화산재 퇴적층으로 인해 오늘날 아이다호주가 포테이토 스테이트Potato State가 될 정도로 풍요로운 땅이 됐다. 아이다호주는 차량 번호판 아래쪽에 'Famous Potatoes'라고 쓸 정도로 아이다호 감자를 자랑스러워한다. 미국이나 한국에서 먹는 맥도날드의 감자튀김을 이 아이다호 감자라고 생각하면 크게 틀림이 없다.[38]

옐로우스톤의 마지막 폭발에서 나온 재는 미국 미시시피 서부의 거의 전역에 해당하는 19개 주의 대부분 또는 일부와 캐나다와 멕시코 일부까지를 덮고 있으

....
37 위의 책, 15장
38 위의 책, 15장

한가로이 노닐고 있는 버팔로
2개의 옐로우스톤 폭포 중 하류 쪽 폭포로 낙차가 94미터다.

며, 이 지역이 바로 전 세계 곡물 생산의 절반을 차지하는 곡창 지대가 됐다.[39]

현재의 옐로우스톤 지역은 지형이 계속 변하고 있는데 그것은 옐로우스톤이 현재도 활동 중인 화산임을 의미한다. 옐로우스톤은 대략 60만 년마다 폭발이 있었다는 것이 밝혀졌는데 가장 최근의 것이 63만 년 전에 일어났다.[40] 즉, 옐로우스톤의 폭발 시기가 머지 않았음을 의미한다. 최근 옐로우스톤 국립공원의 도로가 녹아내리거나 동물들이 집단으로 이동하는 장면이 몇 번 확인되었다. 그래서 국립공원이 폐쇄될지도 모른다는 얘기가 나오는 것이다. 과거와 같은 폭발이 있게 되면 엄청난 재앙이 될 것임에는 틀림이 없다. 가장 최근의 지각 활동으로 인한 사고는 1959년 8월 17일에 있었는데 진도 7.5의 지진으로 산사태가 일어나, 암석 더미와 토사가 국립공원 바깥에 있는 아이다호주 헵건Hebgen 호수 근처의 캠핑장을 덮쳐 28명이 사망했고 19명의 시신은 너무 깊이 묻혀서 찾을 수가 없었다.

미 서부가 화산 폭발로 만들어진 곡창 지대로 풍요로움을 누리는 반면 1980년 세인트헬렌스 화산 폭발 때와 같은 위험한 상황이 언제 닥칠지 모른다는 우려도 있다. 레이니어산도 언제 폭발할지 모른다. 미국 지질조사국(USGS)은 2018년 10월 지각 운동이 활발하고 주민 거주지와 가까운 미국 내 18개 화산을 '대단히 높은 위협'으로 분류했는데 여기에 워싱턴주의 레이니어와 세인트헬렌스가 포함돼 있다. 2018년 5월 17일 폭발한 하와이 빅아일랜드의 킬라우에아Kilauea(1,222미터)와 함께 레이니어, 세인트헬렌스, 알래스카의 리다우트Redoubt(3,108미터), 캘리포니아 북부의 샤스타Shasta(4,322미터)가 가장 위험한 화산 'Top 5'에 들었다.

....
39 위의 책, 15장
40 위의 책, 15장

몬태나의 글레이셔 국립공원

내셔널지오그래픽은 레이니어가 언제 폭발할지 모르지만 폭발한다면 미국 역사상 가장 큰 재해가 될 것이라며, 레이니어를 실질적으로 가장 위험한 화산으로 규정했다. 미국 지질학계는 그동안 옐로우스톤을 화산 폭발 가능성이 가장 큰 곳으로 꼽아왔다. 레이니어 같은 화산이 폭발한다면 무서운 것은 용암이나 화산재보다도 용암의 뜨거운 열로 일순간에 녹아내리게 될 빙하다. 빙하는 녹아서 화쇄암과 섞여 북서쪽으로 카본강과 퓨앨럽Puyallup강을 통해 쏟아져 내릴 것이며, 이는 올팅Orting에서 합류해 퓨앨럽, 섬너Sumner를 지나 한 줄기는 타코마의 커멘스먼트베이Commencement Bay로 빠져나가고 다른 줄기는 오번Auburn, 켄트Kent그리고 렌튼과 턱윌라의 저지대를 통해 워싱턴 호수와 엘리엇베이Elliott Bay로 빠져나갈 것이다. 이것은 이미 학자들이 예측하고 있는 것이며, 지도를 보더라도 빙하가 녹은 물과 화쇄암은 이렇게 빠져나갈 수밖에 없다. 시애틀이 불의 고리라 불리는 환태평양 조산대 위에 있음을 한시도 잊지 말아야 할 것이다.

보즈만Bozeman에서 만난 여인

아름다운 옐로우스톤을 소개하면서 무서운 얘기만 한 것 같다. 그래도 매년 전국의 수많은 여행객들이 옐로우스톤을 방문한다. 옐로우스톤 국립공원 주차장에서는 전국에서 온 차량의 번호판을 볼 수가 있어 마치 번호판 전시장 같다. 그만큼 옐로우스톤은 미국인들에게 사랑받는 국립공원이다. 한국에서 옐로우스톤으로 가려면 시애틀이나 샌프란시스코를 거쳐 몬태나주 보즈만이나 빌링스Billings로 가서 여장을 풀고 여행을 시작하면 된다. 지상으로 갈 경우라면 한국과 직항 노선이 있는 시애틀이 옐로우스톤과 가장 가까운 관문도시다. 시애틀을 경유해 간다면 스포캔에서 1박을 하고 옐로우스톤을 여유 있게 보면 되는데 서북미에서 출발할 경우 옐로우스톤의 관문도시는 보즈만이다.

몬태나주 보즈만시에는 한국인의 자랑거리가 하나 있다. 5만 명이 안 되는 이 조그만 도시에도 한국 식당인 이호식당I-Ho's Korean Grill이 있는데 이런 곳에 한국 식당이 있다는 것이 신기하기도 하고 자랑스럽기도 하다. 미국을 여행하다 보면 햄버거 같은 패스트푸드로 끼니를 때우기가 쉬운데 고향의 맛을 내는 한국 식당이 이런 곳에 있다니 너무 반갑다. 이 식당의 주인은 한국 여성으로 2013년에 이어 2017년에 당당히 직선으로 선출된 재선 보즈만 시의원이다. 경남 진해 출신인 그녀의 이름은 이이호, 영어 이름은 이호 파머로이Iho Pomeroy다. 남편은 몬태나 빌링스 태생으로 미국 해군 장교 출신이자 현재는 보즈만에서 변호사로 활동 중인 데릭 파머로이Derik Pomeroy다. 이이호 의원은 대학을 졸업할 즈음 팀 스피리트 훈련차 부산에 입항한 미 해군 장교를 만나 1년 만에 결혼을 하고 1988년 도미했다. 당시 보수적인 부친이 미국에 가서 결혼하라고 했지만, 이 의원은 샌디에고에 있는 신랑을 불러 진해 중앙성당에서 결혼했다.

샌디에고로 시집 간 이 의원은 한국 음식이 그리워 한국 음식을 만들기 시작했고 음식을 만드는 일이 무척이나 행복했다고 한다. 이 의원은 1993년, 4년의 군 복무를 마친 남편과 함께 몬태나로 돌아와서 보즈만에 정착했다. 이때 이 의원은 중국 식당에서 종업원으로 일을 했는데 여전히 음식 만드는 것이 너무나도 좋았다고 한다. 그래서 남편에게 부탁해 매 주말마다 빌링스의 시아버지 스튜디오에서 홈메이드 포장마차를 만들었다. 5개월 만에 몬태나 최고의 홈메이드 포장마차를 완성한 이 의원은 보즈만에서 열리는 행사마다 참가해 한국 음식을 팔면서 성공을 거뒀다. 이를 본 남편의 사무실에서 일하던 한 변호사가 보즈만에서 한국 식당을 운영하면 좋겠다는 제안을 해 꿈에도 없던 이호식당을 2000년에 열게 됐다.

이 의원의 남편인 데릭은 조각가인 아버지를 닮아 손재주가 좋았다. 그는 아내를 위한 포장마차를 5개월에 걸쳐 손수 제작했다. 아내를 사랑하는 그의 지극한 마음을 엿볼 수 있다. 아버지의 애국심을 존경했던 데릭은 예일대를 졸업하자마자 해군에 입대했는데, 이것이 계기가 되어 지금의 아내를 만나게 되었다. 국경을 초월한 운명적인 만남이라는 생각이 든다.

이호식당 운영은 그녀를 또 다른 세계로 이끄는 계기가 됐다. 20년 전만 해도 보즈만 사람들은 한국과 한국 음식을 몰랐었다. 그런데 보즈만 사람들이 이호식당과 한국 음식을 사랑해주니, 그녀는 뭔가 지역사회에 보답을 해야겠다는 생각을 갖게 되었다. 이 의원은 식당 개업의 당찬 기세를 몰아 겁도 없이 보즈만 시의원에 도전하였고 시민의 93%가 백인인 보즈만에서 쟁쟁한 후보들을 물리치고 당당히 재선 시의원이 되었다. 보즈만에서의 그녀의 인기를 짐작할 수 있다. 물론

옐로우스톤의 관문인 몬태나주 보즈만시
이이호 의원과 이호식당

변호사인 남편의 후원과 몬태나의 유명한 조각가인 시아버지의 후광도 있었음은 부인할 수 없다. 또한 이 의원은 15년 전부터 김치를 직접 담가 팔기 시작했는데, 지금은 보즈만 지역의 식품점에서도 이호 김치가 판매되고 있다.

보수적인 몬태나에 영국 이민자 집안의 며느리로 시집와서 한국 식당을 운영하면서 한국 음식을 알리고 시의원까지 하는 이이호 의원은 분명 자랑스러운 한국의 딸임에 틀림이 없다. 서북미 동포 사회에서는 이런 이 의원을 여장부라고 부른다. 나는 이 의원이 시의원을 넘어 주 의회와 그 이상으로 큰 일을 하면 좋겠다는 생각을 해 본다.

몬태나가 낳은 조각가
린든 페인 파머로이

이이호 의원의 시아버지 린든 페인 파머로이Lyndon Fayne Pomeroy(1925~2018)는 동부 몬태나주의 시드니에서 태어났다. 대공황의 어려움 속에서 작은아버지의 농장에서 일을 하며 유년을 보낸 린든은 다섯 살 때 비누를 깎아서 뭔가를 만드는 등 어려서부터 조각에 대한 남다른 재능을 보였다. 초등학교 선생님이 린든의 어머니에게 린든이 장차 예술가가 될 것이라고 예견하기도 했다. 린든은 1943년 육군 항공대에 입대해 2차대전 중 전투기 조종사가 됐다. 전쟁 후에는 군의 지원으로 몬태나 주립대학교에 진학했다. 그는 그의 가족사에서 최초의 대학생이었다. 그는 보즈만에서 응용예술 학사 및 예술 석사 학위를 받았고 이후 노던 몬태나 대학과 이스턴 몬태나 대학에서 1961년까지 교편을 잡았다.

린든은 현실주의 메탈 조각가로 명성을 날렸다. 그는 육군 항공대에서 훈련 때 다친 허리의 아픔을 참아 가며 작품 활동에 매진한 강인한 성격의 예술가였다. 하루에 커피를 커피포트의 양만큼 마실 정도로 커피 마니아였던 그는 "예술은 10%의 영감과 90%의 땀으로 이루어진다"라고 말하며 지칠 줄 모르는 열정으로 작품 활동을 했다. 몬태나의 아름다운 자연과 농촌을 작품의 모티브로 삼았던 그의 작품은 몬태나는 물론 전국 곳곳에서 볼 수 있다. 몬태나주 해이버Havre에는 〈Hands Across the Border〉, 〈The Empire Builders〉, 헬레나Helena에는 〈Sluice Box〉, 〈Fountain〉, 빌링스에는 〈7th Calvary Guidon Trooper〉, 〈Tanny Men〉, 〈Phylogenic Continuum〉, 그레이트폴스Great Falls에 〈Sun Talker〉, 〈Golden

〈West High Bear〉

〈Rocky Bear〉. 왼쪽 인물이 린든 페인 파머로이 작가이고 오른쪽 인물은 이이호 의원의 아들이다.

(사진 이이호 의원 제공)

Eagle〉, 〈Come Unto Me〉 외에도 워싱턴주, 와이오밍주, 알래스카주, 위스콘신주 등에 총 200여 개의 기념비적인 조각품이 전시돼 있다. 린든은 몬태나주에서 흔히 볼 수 있는 버팔로, 곰, 사슴, 말, 양, 농부, 노동자, 원주민 등을 작품으로 남겼다.

린든의 스튜디오가 있는 빌링스에는 소형 작품들이 전시돼 있다. 린든의 형이 한국전쟁 중 장진호 전투에서 큰 부상을 당하면서 한국이라는 동아시아의 조그만 나라를 알게 되었을 린든. 막내 며느리 이이호를 맞이해 친구한테서 빌린 소형 비행기로 그녀를 태우고 몬태나를 구경시켜 준 인자했던 린든. 몬태나가 낳은 지칠 줄 모르는 열정을 지녔던 조각가 린든은 2018년 3월, 93세로 아름다운 몬태나의 하늘로 떠났다. 보수적인 몬태나에서 이방인처럼 보였을 한국인 며느리를 훌륭하게 만든 것은 다름을 포용할 줄 아는 파머로이 가족의 자유와 예술을 사랑하는 기질이 큰 몫을 하였으리라.

⟨7th Cavalry Guidon Trooper⟩

⟨The Canal Builder⟩

(사진 이이호 의원 제공)

깊고 푸른 호수

오리건주의 유일한 국립공원인 크레이터 호수 Crater Lake는 정말 깊고 푸르다. 거의 완벽한 원형을 이루고 있는 동남부 오리건의 크레이터 호수는 8,000년 전 마자마Mazama 화산의 폭발과 그 이후 크고 작은 폭발로 인해 거대한 산정은 사라지고 지금의 직경 9.7킬로미터, 깊이 594미터나 되는 칼데라가 만들어졌다. 수차례의 소규모 폭발과 가스 분출로 호수 내에 위저드라 불리는 섬도 생겼다. 일부 지질학자들은 세인트헬렌스 폭발 50회와 맞먹는 규모의 폭발이었다고 한다. 백두산 천지가 동서 3.5킬로미터, 남북 4.5킬로미터, 둘레 13킬로미터인 것에 비하면 규모가 얼마나 큰지 짐작할 수 있다. 캐나다의 그레이트 슬레이브Great Slave 호수(깊이 614미터) 다음으로 북미 대륙에서 두 번째로 깊은 이 호수는 시애틀의 스페이스 니들 타워(184미터) 세 개가 일렬로 들어가고도 남는 깊이다.

이 호수로 올라가는 길은 매우 완만해서 산을 오른다는 느낌이 들지 않을 정도다. 칼데라호에 있는 보트 선착장까지 내려가는 길에 보는 호수는 정말로 푸르고 아름답다. 하늘 아래 이렇게 깊고 푸른 호수가 있을까 하는 생각에 호수에 뛰어들고 싶을 정도였다.

워싱턴주에도 깊은 호수가 있다. 올림픽 반도에 있는 크레센트 호수Lake Crescent는 스페이스 니들 타워 1개와 2층 높이의 건물이 들어갈 정도로 깊다. 이 호수는 길이가 약 19킬로미터, 폭이 1.6킬로미터, 깊이가 198미터에 달한다. 크레센트 호수는 약 11,000년 전 빙하의 침식으로 깊게 패어 만들어졌으며, 현재의 모습

크레이터 호수 내 위저드섬

은 약 1,000년 전에 이루어졌다. 수차에 걸친 진도 9.0 이상의 강력한 지진에 의한 산사태로 호수 동쪽이 가로막혀 호수가 두 개로 나뉘어졌다. 현재 크레센트 호수 동쪽에 있는 서더랜드 호수Lake Sutherland가 갈라져 나온 호수다. 원주민들의 전설에는 클라람Klallam 부족과 퀼라유트Quileute 부족 간 싸움에 화가 난 신이 싸움을 막으려고 남쪽에 있는 1,383미터의 스톰킹산Storm King Mountain에 대규모 사태를 일으켜 큰 바위들을 밑으로 던졌다고 전해진다. 연구에 의하면 산사태로 크레센트 호수의 수면이 23미터 상승해 호수 동쪽의 인디언 크릭과 얼화강Elhwa River을 통해 후안 데 푸카 해협으로 빠져나가던 물의 출구는 서쪽의 라이르강Lyre River으로 바뀌게 됐다.[41]

이 산사태로 동쪽으로 나고 들었던 무지개 송어는 영원히 호수에 갇히게 됐다. 무지개 송어는 독특한 종으로 진화해 현재 호수 내 최강자로 군림하고 있다. 서쪽 라이르강에는 폭포가 있어서 물고기들이 바다로 진출할 수가 없기 때문이다. 또한 이 호수는 오직 비와 눈 녹은 물로만 이루어져 있어 영양분 부족으로 다른 종들이 살기에는 매우 힘든 곳이 됐다. 지금은 멸종을 우려한 주 정부에서 낚시는 허용하되 잡았다 놓아 주는 스포츠 낚시로만 허용하고 있다. 그래서 워싱턴주 클라람 카운티의 작가 앨리스 알렉산더Alice Alexander는 이 깊고 아름다운 호수에 관한 그녀의 책 제목을 『크레센트 호수 – 올림픽 반도의 보석Lake Crescent – Gem of the Olympics』이라 칭했다.[42]

유명한 솔덕온천을 포트 앤젤레스 쪽에서 갈 때는 왼쪽으로 서더랜드 호수와 오른쪽의 크레센트 호수를 끼고 가게 돼 있다. 한 번쯤 내려서 남쪽의 산도 바라보고 호수도 바라보면서 원주민들의 싸움과 이를 말리는 신의 노여움을 생각해

....
41 기사: "Deep, moody and lovely", The Seattle Times – Pacific NW, 2014.8.10.
42 위의 기사

보자. 지금도 싸우는 우리 인간들에게 신은 또 어떤 노여움을 내실지 모른다.

워싱턴주에는 크레센트 호수보다 깊은 호수가 하나 있는데 바로 셸란호수Lake Chelan다. 길이 81킬로미터, 깊이 453미터로 스페이스 니들 타워 2개가 들어가고도 남으며 미국에서는 세 번째, 북미에서는 다섯 번째로 깊다. 셸란이라는 명칭은 이곳을 터전으로 살고 있던 살리쉬 원주민들이 '깊은 물'이라는 뜻으로 '칠란tsi-laan'이라고 부른 데서 유래했다. 빙하시대 빙하에 깎여서 만들어진 호수다. 이 호수도 영양분 부족으로 해조류가 살지 못해 투명하게 맑다.[43] 황량한 스텝 기후 지역의 빙하로 깊게 패인 계곡에 자리한 이 호수는 워싱턴주 동부의 생명수와도 같다.

이 세 호수들의 공통점은 주변에 살던 원주민들이 워낙 깊어서 '바닥이 없는' 호수라고 오랫동안 믿어 왔다는 것이다. 세계대전 기간에는 미 해군이 셸란호에서 소나SONAR 탐지기를 테스트했는데 당시 기술로는 음파가 반사돼 돌아오지 않았다.

....
43 위의 기사

올림픽 반도의 보석인 크레센트 호수
여름철 수상 레저활동이 활발한 셸란 호수. 호수 건너편 산줄기가 캐스케이드산맥이다.

북미의 젖줄 글레이셔 국립공원

몬태나 서북쪽에 자리 잡은 글레이셔 지역은 7,500만 년 전 지각운동에 의해 솟아올랐다. 1910년 국립공원으로 지정된 미국 쪽 글레이셔 마운틴 지역과 1895년 국립공원으로 지정된 미국과 국경을 맞대고 있는 캐나다 쪽 워터턴호 지역이 1932년 양국 정부에 의해 세계에서 처음으로 국제평화공원으로 지정됐다. 그래서 두 개의 국립공원은 각종 안내 자료도 공동으로 만든다. 국제평화공원은 가히 북미의 젖줄이라고 해도 과언이 아니다. 이곳에서 물줄기가 세 곳으로 나뉘어 출발하는데 북동쪽으로는 새스캐치원강과 넬슨강을 통해 허드슨만으로 나가고, 남동쪽으로는 미주리강과 미시시피강을 거쳐 멕시코만으로 가고, 마지막으로 서쪽 컬럼비아강을 통해 북태평양으로 빠져나간다.[44]

오랜 시간 동안 구름 위로 솟아오른 글레이셔마운틴은 구름과 습기를 머금고 빙하를 만들었다. 12,000년 전부터 후퇴를 거듭한 빙하는 현재 높고 추운 고지대에만 남아 있다.[45] 9월 초에 방문했을 때 벌써 눈이 쌓여 글레이셔를 넘어가는 로간패스Logan Pass가 닫혀서 통과하지를 못했다. 여름에는 산불로 인해 '태양으로 가는 길' 자체가 닫히기도 했다. 글레이셔를 관통하는 도로는 가파르고 좁다. 이 길을 닦은 이들은 또 얼마나 희생되었을까 생각하니 마음이 편치 않다. 한편으로는 이렇게까지 길을 만들어야 했을까 하는 의문이 들기도 한다. 길을 가다 보면 길가에 조그만 십자가가 세워져 있는 것을 볼 수 있다. 그러한 과정에서 희생된

44 Waterton-Glacier International Peace Park World Heritage Site, Guide Map
45 위의 자료

사람들의 넋을 위로하기 위한 것이다.

글레이셔 국립공원의 길과 트레일은 이곳 원주민인 블랙피트족이 다니던 길이며, 캠핑장과 시설물이 들어선 곳은 원주민들이 모여 살던 곳이다.[46] 신성시하던 자신들의 삶의 터전에서 쫓겨난 이들의 슬픔과 탄식을 생각하게 된다.

....
46 위의 자료

캐나다 앨버타주의 워터턴호 국립공원
구름을 머금고 있는 미국 몬태나주의 글레이셔 국립공원. 저 구름이 빙하를 만드는 원천
이다.

연어와 민물장어의 꿈

서북미에서 제일 많이 접할 수 있는 어류 중의 하나가 연어다. 서북미에서는 다양한 종류의 연어를 볼 수 있는 것도 즐거움이다. 대서양에는 애틀랜틱 연어 한 종류만 있지만, 북태평양에는 여섯 종류의 연어가 있다. 그중 서북미에서 자주 접하는 연어로는 시누크Chinook(Kings), 실버Silvers(Coho), 사카이Sockeye(Reds), 첨Chum(Dogs), 핑크Pink(Humpies) 연어가 있다. 퓨짓 사운드 지역에서 볼 수 있는 연어는 사카이, 실버, 핑크 연어다. 연어는 산란기가 되면 태어났던 강으로 다시 돌아오는 '모천회귀'를 한다. 산란을 위해 힘겹게 모천으로 돌아오는 연어를 가수 강산에는 '거꾸로 강을 거슬러 오르는 저 힘찬 연어들처럼'이란 노래에서 예찬하지 않았던가. 그중 많은 연어들은 환경 조건, 포식자, 낚시, 병 등으로 죽어 모천회귀 후 산란율은 극히 일부에 지나지 않는다.

시누크 연어는 전 세계에서 가장 몸집이 큰 연어이고 사카이 연어는 내륙으로 가장 멀리까지 이동하는 기록을 갖고 있다. 컬럼비아강 하구로 들어온 사카이 연어는 스네이크강과 새먼강을 거쳐 아이다호주 중남부 스탠리에 있는 레드피쉬호Redfish Lake까지 내륙으로는 장장 1,400킬로미터 이상, 고도로는 1,980미터 이상으로 거슬러 올라간다.[47] 산란하러 올라온 사카이 연어로 인해 호수는 온통 붉은색으로 물든다. 그래서 호수 이름이 레드피쉬다. 사카이 연어는 모천회귀 과정에 8개의 댐을 거치는데 물고기가 거슬러 오를 수 있도록 설치된 사다리를 타고 오

....

47 자료 : Idaho Department of Fish and Game

150

연어의 종류(자료 : Chugachi National Forest)

른다. 종족 보존을 위해 힘겹게 이동하는 연어를 보면, 오묘한 자연의 이치를 헤아릴 길이 없다.

연어와 달리 반대로 이동해 산란하는 어류가 민물장어다. 연어가 산란을 위해 바다에서 강으로 돌아오는 것과는 반대로 민물장어는 산란을 위해 해류를 거슬러 바다로 나간다. 험난한 파도를 헤치며 나가는 민물장어의 생을 빗대어 가수 신해철은 '민물장어의 꿈'이라는 노래에서 이렇게 표현했다. 이 노래는 마치 본인의 죽음을 예견이라도 하듯이 부른 노래였고, 실제 자기가 죽으면 불릴 노래라고 말하기도 했다.

저 강물이 모여드는 곳 성난 파도 아래 깊이
한 번만이라도 이를 수 있다면

나 언젠가 심장이 터질 때까지 흐느껴 울고 웃다가
긴 여행을 끝내리 미련 없이

이 곡은 민물장어의 생을 빗대어 노래한 것이다. 민물장어는 산란할 때가 되면 강에서 내려와 바다로 향한다. 민물장어는 바다로 나가기 전에 강물과 바닷물이 만나는 곳에서 물의 변화에 대비한 적응 기간을 갖는다. 우리나라에서는 이 강물과 바다가 만나는 곳을 바람 풍, 내 천자를 써서 '풍천風川'이라고 한다. 이는 바다에 물이 들어올 때 육지로 바람을 몰고 오는 데서 비롯됐다. 즉, 풍천이라는 말은 고유명사가 아니라 일반명사다.

이 민물장어가 적응기를 보낸 후 거친 해류를 거슬러 가는 곳이 필리핀 북부에 있는 루손섬이라고 하는데 정확한 산란지는 모른다. 어느 연구 결과에 의하면 동아시아의 민물장어가 필리핀과 괌 사이, 마리아나 해구 북쪽의 해저 산맥에서 산란한다고 한다. 내가 마닐라에서 근무할 당시 스페인 식당에 가면 꼭 주문하는 유명한 음식 중 하나가 안굴라스Angulas라는 것이었다. 올리브 오일에 볶은 마늘과 함께 빵에 얹어 먹으면 그 맛이 정말 일품이다. 처음에 숙주나물 비슷한 게 있어서 무심코 먹었는데 2~3 센티미터 내외 길이의 이 숙주나물 같은 것이 바로 민물장어

필리핀 마닐라에 있는 스페인 식당 까사 아르마스
Casa Armas의 안굴라스

새끼였다.

안굴라스는 원래 스페인 바스크 지방의 토속 음식인데 필리핀 사람들이 민물
장어 새끼를 잡아서 시장에 팔고 있다면 이들은 장어가 필리핀 루손의 어디에서
산란하는지를 알지 않을까 궁금하다. 어떤 필리핀인은 마닐라를 관통하는 파식
강Pasig River에서 민물장어 새끼들을 봤다고도 한다. 필리핀 북부 루손 출신의 필
리핀 지인에게 물어보니 그 지방의 강에 자연 상태의 민물장어 새끼들을 많이 볼
수 있다고 했다. 루손섬 어딘가에서 부화한 새끼들은 바다 위에 떠서 쿠로시오 해
류에 몸을 맡기고 민물이 있는 한반도 남부, 일본 중남부, 중국 남부 등으로 이동
한다. 이 시기의 치어는 바닷물에 뜨는 버들잎처럼 납작해 '버들잎 뱀장어'라고도
불린다. 이 민물장어들은 대륙에 가까워지면 몸이 원통형으로 커진다. 바다로 들
어가 해류와 조류를 타고 임진강, 제주도 등으로 이동한 민물장어들은 민물과 바
닷물이 만나는 풍천에서의 적응기를 거쳐 강으로 거슬러 올라가서 5년에서 10년
정도 살다가 다시 바다로 나가 산란한다.

하지만 북미 서해안에는 산란을 위해 먼 바닷길을 가는 민물장어는 없다. 북
미 동해안과 유럽의 민물장어는 서인도제도와 버뮤다 사이에 있는 사르가소해
Sargasso Sea에서 산란하며 버드나무 잎처럼 가볍게 된 새끼들은 멕시코 만류를 타
고 북미 동해안과 유럽으로 이동한다. 유럽의 프랑스, 벨기에, 네덜란드, 영국 등
에서 민물장어는 귀한 음식 대접을 받는다.

북미 서해안에서 보는 비슷한 어류로 칠성장어가 있다. 칠성장어는 바다에서
강을 거슬러 올라가 알을 낳는다. 서북미에서는 오리건주 윌라멧 폭포에서 원주
민들이 칠성장어를 잡는다. 이 칠성장어는 다른 물고기는 도저히 오를 수 없을 것
같은 폭포도 오르내릴 수 있다. 비결은 빨판 같은 입으로 바위에 붙어서 올라가는

것인데, 칠성장어는 수천 년 전부터 원주민들 사이에 진미로 꼽혔다. 칠성장어의 주식은 다른 물고기의 체액으로, 몸에 달라붙어서 빨아먹는다. 그래서 칠성장어를 영어로 램프리 일Lamprey eels 또는 램프리Lamprey라고 한다. 이는 라틴어의 람페트라Lampetra라는 단어에서 파생했는데 '돌을 빨다'라는 의미다.

칠성장어와 가까운 종은 먹장어Hagfish로 역시 강물에서 알을 낳는다. 먹장어는 곰장어 또는 꼼장어로도 불린다. 칠성장어와 먹장어는 둘 다 턱이 없어 다른 물고기에 달라붙어 체액을 빨아먹고 산다. 이 먹장어는 서북미 연안에서 많이 잡혀 한국으로 수출된다. 먹장어는 한국 외에서 식용하는 경우는 드물며, 살코기보다는 가죽이 더 가치가 있다고 한다. 서북미에서는 오리건주에서 이 먹장어가 많이 난다. 그래서 오리건을 여행하다 보면 'Eel' 지명이 많이 나온다. 오리건 남부 쿠즈베이Coos Bay 근처에는 'Eel Creek', 'Eel Lake'가 있고 오리건과 가까운 캘리포니아 유레카 바로 남쪽에 있는 강이 'Eel River'다. 여기서 잡히는 장어들이 먹장어다. 어디를 여행하든 지명을 유심히 보는 것도 하나의 재미다. 그러다 보면 뜻하지 않게 배우는 것들도 생긴다. 유래 없는 지명이나 이름은 거의 없을 테니까. 새로운 것을 알게 되며 외치는 '유레카'의 기쁨도 그만큼 크다.

신전의 기둥 주상절리대

앞에서도 얘기했다시피 서북미에서는 워싱턴주 및 오리건주의 동북부인 캐스케이드산맥 너머 지역, 그리고 아이다호주, 몬태나주, 와이오밍주의 여행지 곳곳에서 주상절리대를 볼 수 있다. 프리웨이 I-90을 타고 가다 보면 도로를 내기 위해 구릉을 깎아 놓은 곳이 많은데 그 깎아 놓은 구릉 단면에서도 주상절리를 쉽게 볼 수도 있다.

워싱턴주에서 가장 아름다운 주상절리대를 볼 수 있는 곳이 있다. 시애틀에서 캐스케이드산맥을 넘어 컬럼비아강을 건너서 스포캔 방향 즉, 좌측으로 돌아 강변을 끼고 가다 보면 'The Gorge Amphitheatre'라는 안내판이 나오는데 협곡의 원형 극장을 뜻하는 말로 자연 형태의 돌기둥들이 마치 고대 로마의 원형 극장처럼 빙 둘러 있는 데서 따왔다. 실제로 여기서 라이브 공연을 하기도 하니 진짜 원형 극장인 셈이다. 원형 극장과 아래쪽으로 거대한 협곡이 있는 이곳은 거대한 홍수로 인해 침식돼 깎인 지형인데 지형의 가장자리로 돌기둥인 주상설리가 수도 없이 펼쳐져 있다. 이곳이 바로 프렌치맨 쿨리Frenchman Coulee다. 이런 돌기둥은 매우 독특하게 원형 극장을 이루기도 하고 협곡의 가장자리에서 길게 줄지어 서 있기도 하는데 멀리서 보면 마치 토성의 방어 시설인 목책 같기도 하고 가까이서 보면 신전의 돌기둥 같기도 하다. 이곳 주상절리의 크기는 한국에서 가장 큰 주상절리대인 광주 무등산의 서석대나 광석대(규봉암) 주상절리 규모만 한 것 같다.

이러한 주상절리는 워싱턴주에서는 홍수가 지나갔던 지역인 숩레이크Soap Lake

컬럼비아 강가의 무너진 주상절리인 너덜겅
컬럼비아강의 주변에서 다양한 형태의 주상절리대를 볼 수 있다.

에서 그랜드쿨리 댐까지 장관을 이루고 워싱턴주 동남부의 팔루즈 폭포^{Palouse Falls}
에서도 볼 수 있다. 또한 와이오밍주의 옐로우스톤에서 무수히 볼 수 있다.

주상절리는 지표면이나 강가, 바닷가에서 마그마가 식을 때는 급격이 식어 돌
기둥이 작게 형성되고, 지표면 아래에서 식을 때는 서서히 식어 규모가 큰 돌기둥
이 된다. 한국에서 내가 본 가장 작은 주상절리는 한탄강의 지류인 차탄천에서 봤
던 것인데 육각형의 크기가 신발 사이즈 정도였다. 특히 차탄천 주상절리는 지각
변동으로 습곡 형태까지 볼 수 있는 주상절리의 보고다. 역시 강가에서 식은 주상
절리는 한탄강에서 발달했는데 포천의 비둘기낭 폭포나 연천의 재인폭포에서 볼
수 있다.

바닷가에서 식은 주상절리는 제주 서귀포 대포해안에서 볼 수 있고 경주 양남
의 주상절리는 부채꼴 모양을 이루는 독특한 형태를 이루고 있다. 경북 청송의 주
왕산 학소대 봉우리에서도 주상절리를 볼 수 있다. 우리나라에서 가장 큰 규모의
주상절리는 광주 무등산에서 볼 수 있는데 이곳은 해발 1,000미터 이상의 고지대
에 서석대, 입석대, 광석대, 신선대 등 굉장히 큰 규모의 주상절리가 발달해 있다.
이렇게 큰 규모의 주상절리가 고산지대에서 발달하는 경우는 세계적으로 드물다
고 한다. 원래 무등산을 중심으로 직경 40킬로미터 범위는 주변보다 땅이 꺼진
함몰 지대였다. 때문에 지대가 낮아 용암이 서서히 식어 큰 주상절리가 생겼었다.
이후 인도 아대륙이 북상하면서 아시아와 충돌해 히말라야 산맥이 솟고 그 여파
가 한반도까지 미쳐 태백산맥이 솟는 등 지각 운동이 끊이지 않았는데 이때 저지
대에 있던 무등산 지역의 지각이 솟아올라 자연스럽게 큰 주상절리가 무등산 고
지대에 형성됐다.[48]

....
48   조홍섭, 『한반도 자연사 기행』, 한겨레출판, 2011

이런 주상절리대가 세월이 흘러 풍화와 침식으로 무너져 내린 것을 '너덜' 혹은 '너덜경'이라 부른다. 산에서 무수히 많은 육각형 모양의 돌무더기를 본다면 주상절리가 풍화와 침식으로 무너져 내린 것이라 생각하면 된다. 한국에서 가장 큰 규모의 너덜 지대는 무등산의 덕산너덜이다. 광석대 옆의 지공너덜도 규모가 압도적이다. 덕산너덜은 광주 시내에서도 뚜렷이 볼 수 있을 정도로 엄청나게 큰 규모다. 세계 어디를 여행하든 육각형 또는 다각형의 돌기둥을 만난다면 그것이 신의 돌기둥, 신전의 돌기둥인 주상절리라고 생각할지어다.

미줄라 홍수로 형성된 프렌치맨 쿨리 지역. 우측에서 좌측 컬럼비아강 방면으로 홍수가
휩쓸고 지나갔다.

왈룰라 갭Wallula Gap에 있는 홍수에도 살아남은 트윈 시스터스 락Twin Sisters Rock 주상절리대

워싱턴주 컬럼비아강 동안의 주상절리대가 로마의 원형 극장처럼 빙 둘러서 있어서 협곡의 원형 극장Gorge Amphitheater
이라 부른다.

구이덕

시애틀에 처음 온 사람들은 '구이덕'이라는 말을 듣게 되는데 처음에는 이것이 무슨 오리구이인지 뭔지 잘 모른다. 구이덕은 영어로 발음한 것이다. 영어로는 Geoduck이라고 쓰는데 이상하게도 발음은 '구이덕'이다. 구이덕이라는 발음은 살리쉬 원주민의 일족인 니스퀼리Nisqually 부족의 발음을 듣고 영어로 표기한 것일 뿐이다. 원주민들이 구이덕을 잡기 위해서 모래나 뻘을 깊게 파기 때문에 구이덕이 '깊게 판다'라는 의미를 갖고 있다. 원주민의 발음을 듣고 그것을 영어로 표기하면서 실제 영어와 다르게 발음되는 이름이 많으니 영어 철자와는 달리 읽히더라도 그대로 따라 할 수밖에 없다. 예를 들면 워싱턴주 제2의 도시인 Spokane을 보고 난 자연스럽게 '스포케인'이라고 발음하고 싶은데 실제로는 '스포캔'으로 발음을 하니 원주민의 말에서 파생된 단어의 발음은 의문은 던져 두고 그냥 그대로 따라 읽어야 한다.

영어라는 언어 자체가 워낙 이민족의 단어가 많이 들어와 있기 때문에 철자만 보고 표준대로 읽는다는 것은 정말 어렵다. 영어가 왜 어렵냐면 발음이 표기대로 안 되는 단어들이 많아 단어 하나하나의 발음을 제대로 익혀야 하기 때문이다. 우리가 아는 표음문자 중에서 발음 기호를 쓰는 언어가 또 있는가? 일부 언어에서는 읽는 방법이 복수인 경우가 있긴 하지만, 영어만큼 발음이 제멋대로인 언어는 내가 알기로는 없다. 영어가 그래서 어려운 것인데 영어가 세계 공용어가 되었으니 따라서 배워야지 어찌할 방도는 없다.

구이덕은 미국 워싱턴주와 캐나다 브리티쉬컬럼비아주 해안에서 주로 서식하는데 남부로는 오리건주까지 북으로는 알래스카를 거쳐 일본, 한국의 동해안까지 자란다고 한다. 우리나라의 비슷한 조개류는 남해안에서 잡히는 왕우럭조개인데 사촌지간일 뿐이지 구이덕은 아니다. 사실 우리나라에서는 그 생김새를 보고 코끼리조개라고 부르는데 이 코끼리 조개가 처음 발견된 것은 1980년대 중반이다. 당시에는 말조개, 왕우럭조개로 불리다가 나중에야 공식적으로 코끼리조개로 이름이 붙여졌다.

과거 이 코끼리조개를 남획해 지금은 통계상 잡히지 않고 있는데 수산연구소에서 이를 부활시키기 위해 많은 연구를 하고 있다. 이 조개는 미국에서는 구이덕, 일본에서는 조개껍질에 '미루'라고 하는 해조류가 붙어서 산다고 해 '미루가이'로, 중국에서는 코끼리조개라 부른다. 우리나라에서는 회나 볶음, 탕으로 먹는데 반해 중국에서는 전골로, 일본에서는 회로 먹는다. 중국에서는 코끼리조개가 잡히지 않아 워싱턴주에서 많이 수입했는데, 이 조개에서 독성이 발견되었다는 이유로 2013년 12월 중국은 수입 금지 조치를 했다. 이후 코끼리조개는 중국으로 운송되지 않고 중국에서 제일 가까운 베트남 하노이로 한동안 운송되었는데 운송지가 갑자기 변경된 이유는 독자들의 상상에 맡기겠다.

이 구이덕은 희귀성도 있고 또 이를 잡는 데 상당한 공을 들여야 하니 조개류 중에서는 가장 비싸게 팔린다. 구이덕을 잡기 위해서는 보통 어른 상체를 완전히 모래나 뻘 속으로 집어넣어 파고들어 가야 하니 여간 힘든 것이 아니다. 깊게 파다가 모래나 뻘이 무너져 내리기도 해 아예 위아래가 뚫린 통을 박아서 잡는다.

구이덕은 물이 얇게 있는 모래나 뻘 위에 얇은 수관 즉, 주둥이를 살짝 내밀고 물속에 있는 플랑크톤을 영양분으로 삼는데 그 수관의 모양이 약간 둥근 것은 구이덕이 아니고 말조개Horse clam이니 주의 깊게 관찰해야 발견할 수 있다. 그나마 미국이나 캐나다에서는 정부에서 조개류나 어류의 포획을 허가하고 감시하니 이렇게 그 개체가 유지되고 있다. 우리나라에서는 1980년대에 발견되자마자 단기간에 멸종 수준에까지 이르렀으니 이런 경우 선진국의 허가 및 감시 시스템이 부럽기만 하다. 모래나 뻘 속 깊은 곳에서 살았던 관계로 늦게 발견되었던 코끼리조개는 이제 우리나라에서 볼 수가 없게 됐다. 인도양의 모리셔스에서 인간에 의해 멸종된 날지 못하는 도도새처럼 코끼리조개한테는 이 무자비한 남획이 웬 날벼락이었을까 하는 생각이 든다.

↑ ┊↑ ┊↦ 구이덕과 구이덕 회

자유로운 영혼 텀블위드Tumbleweed

텀블위드를 처음 만난 것은 캐스케이드산맥을 넘어 황량한 스텝 기후 지역인 워싱턴주 동부 도로를 운전하던 때였다. 둥그렇게 뭉친 마른 갈색의 식물이 갑자기 차 앞에서 도로 위로 굴러 지나가는 것을 봤다. 난 그것이 마른 풀이나 잔 나뭇가지들이 서로 뭉쳐서 바람에 돌아다니는 것인 줄 알았는데, 그것은 식물이 충분히 성숙한 후 말라서 줄기나 뿌리에서 분리돼 바람에 날려 땅 위를 구르며 씨앗을 뿌리거나 습한 지역에 도달해 씨앗이 발아하도록 하는 치열한 삶의 방식이었다. 다른 식물이 새나 벌의 도움을 받아 씨를 퍼트리는 데 반해 텀블위드는 스스로 씨앗을 퍼트리기 위해 이동한다. 식물의 세계에서 굉장히 독특한 식물 씨앗 퍼트리기 방식을 채택하고 있는 셈이다.

미국의 건조 지대에서 굴러다니는 텀블위드는 명아주과 식물로 '러시안 씨슬 Russian thistle'이라고 불리는데 원산지는 우크라이나와 러시아로 1800년대 후반 미국에서 아마씨를 수입했을 때 함께 딸려 왔다. 이렇게 바람에 몸을 맡겨 장애물이 없는 건조 지대를 굴러다니는 텀블위드는 정말로 '자유로운 영혼 같다'는 생각이 든다.

텀블위드는 미 서부 영화에서 바람 부는 황무지나 사람이 살지 않거나 거의 없는 마을에서 배경음악과 함께 등장함으로써 황량함, 건조함, 비거주를 상징하는 것으로 표현되었다. 1925년과 1953년에 만들어졌던 대표적인 서부 영화의 제목이 바로 〈텀블위드〉였다. 또한 썰렁한 농담을 했을 때 어색한 정적이 흐르는 것을 강조할 때도 쓰이니 텀블위드는 영화나 코미디에서 역할을 하는 당당한 개체이다.

그렇지만 텀블위드는 엄청난 양으로 집이나 차를 덮어 버리기도 하고 도로에서 차량의 통행을 방해하기도 한다. 밤에 운전할 때 로드킬이 많은 미국에서 차 앞을 지나가는 텀블위드를 무서워하는 사람도 많다. 배수로를 막기도 하고 정화기나 통풍구를 막기도 한다. 미 서부 건조 지대에는 산불이 자주 일어나는데 바짝 마른 텀블위드가 불에 붙어 돌아다닐 경우 무서운 무기로 돌변하기도 하고 그 자체로 불쏘시개 역할을 하기도 한다. 그래서 미 농무부에서는 텀블위드를 없애기 위한 바이러스를 개발해 놨지만 환경에 어떤 영향을 줄지 알 수가 없어 아직 허가는 되지 않았다고 한다. 인간의 편안함을 위해 또 한 개체의 식물을 없애 버려야 하는지 안타깝기만 하다.

이런 자유로운 영혼를 방해하는 것이 있는데 그것은 다름 아닌 시골 농장 구역을 가르는 쇠줄로 된 펜스다. 이 펜스에 걸리면 텀블위드는 더 이상 움직이지 못한다. 장애물이 없던 지역에서 인간이 만든 장애물이 생겼으니 이 텀블위드는 덫에 걸린 동물처럼 얼마나 답답하고 괴로울까. 한반도의 휴전선 철책이나 미 서부 건조 지대의 펜스는 사람이 만든 자유로운 통행을 거부하는 장애물이다. 우리는 산을 뚫고 도로를 만들어서 수많은 동물의 이동권을 방해하면서 그것도 모자라 차로 치고 죽이는 로드킬을 무수히 한다. 미국과 멕시코 국경에 만들어지는 또 다른 '만리장성'을 보고 있으니 언제쯤 인간과 동식물의 장애물을 걷어낼 수 있을까 하는 답답한 심정만이 들 뿐이다.

농장의 경계를 이루는 철조망에 걸려 있는 텀블위드

가도가도 모래언덕

오리건주의 전 해안은 그 자체만으로 경이로운 다양한 볼거리를 제공한다. 나는 오리건주 해안에서 가장 경이로운 지역으로 오리건 중부의 플로렌스^{Florence}에서부터 남부 쿠스베이 바로 아래에 있는 아라고 곶^{Cape Arago}까지 60킬로미터 길이에 달하는 북미 최대 규모의 모래언덕, 사구를 꼽는다. 오리건 듄스^{Oregon Dunes}라고 불리는 지역인데 그 폭이 4.8킬로미터 이상이고 가장 높은 사구는 150미터에 달한다. 이 사구 안에 30개 이상의 호수와 연못이 있고 곳곳에는 '나무 섬^{Tree Islands}'이라고 불리는 나무들이 들어와 자라는 지역이 있어 여우, 사슴, 엘크, 밍크, 곰, 호저 등이 사는 야생 동물의 서식지가 되고 있다.[49]

해안가 사구의 낮은 언덕은 7천 년, 높은 언덕은 10만 년 이상의 세월 동안 고운 모래가 바람에 날려와 쌓인 것이다. 그런데 이 길고 긴 오리건 해안에서 왜 유독 이곳에 사구가 발달했을까? 그것은 경이로운 자연의 여러 요소가 만든 합작품이다. 우선 이곳은 오리건 해안 중에서 강이 가장 많이 흘러들기 때문인데 플로렌스로 흐르는 시슬로 강^{Siuslaw River}부터 남쪽의 쿠스베이로 흘러드는 쿠스강^{Coos River}이 있고 이 두 강의 중간에 우리나라로 치자면 한강의 두물머리 같은 리드스포트^{Reedsport}를 사이에 두고 위쪽은 스미스강^{Smith River}, 아래는 엄콰강^{Umpqua River}이 만난다. 이 엄콰강은 내륙의 로스버그^{Rosburg} 지역에서 다시 노스 엄콰강과 사우스 엄콰강으로 나뉘는데 노스 엄콰강이 캐스케이드산맥 깊숙한 곳에서부

....
49 Oregonencyclopedia.org/articles/Oregon_dunes

오리건 바닷가의 사구가 시작되는 해변
오리건의 밴든 듄스Bandon Dunes 골프장

터 흐르기 때문에 사우스 엄콰강보다 수량이 20배나 많다. 이 노스 엄콰강이 장대한 오리건 듄스를 만드는 가장 중요한 원천이다.

강으로부터 운반되는 과정에 깎이고 닳아 하류까지 도착한 모래는 강어귀 지역과 근해에 쌓여 해안가에 넘치고, 넘친 모래는 다시 바람에 날려 내륙으로 들어가 쌓인다. 모래가 고우면 고울수록 바람에 잘 날리게 되므로 내륙의 사구에는 입자가 더 고운 모래가 쌓이게 된다. 그중에서 게가 모래에 붙은 미생물을 먹고 뱉어 놓은 모래알은 위로 돌출되어 있어 더욱 쉽게 바람에 날린다. 고운 모래를 날리려면 바람이 시속 13킬로미터가량으로 불어야 하며 굵은 모래를 띄우려면 시속 40킬로미터가량으로 불어야 한다. 모래가 내륙으로 끝없이 운반되지 못하도록 막는 것은 사구에서 자라는 식물이다. 풀이 무리 지어 뿌리를 내리면 바람은 거기에 살짝 가로막혀 모래 알갱이가 맴돌이에 걸려 떨어져, 바람이 불어오는 쪽은 완만하고 반대쪽은 가파른 경사를 이루는 두둑이 생긴다.

미국에서는 오리건 듄스뿐만 아니라 오대호의 여러 곳에서 사구가 발달하였지만, 미시간호 동호안에 사구가 밀집돼 있다. 높이는 4미터에서 100미터까지 다양하며 호숫가에서 1~2킬로미터 내륙까지 뻗어 세계에서 가장 넓은 민물 사구를 이룬다.[50] 얼마나 오랜 시간이 흘러야 이렇게 길고 넓고 높은 모래언덕이 만들어질까? 그래서 오리건 듄스는 산, 강, 바람, 식물의 장애물 그리고 시간이 만들어낸 오리건 해안의 걸작품인데 자연의 오묘함은 알면 알수록 우리를 두렵게 하고 경건하게 만든다.

우리나라에는 오리건 듄스만 한 규모의 사구는 없지만 사구가 발달한 곳이 몇

....
50 제리 데니스, 『위대한 호수』, 글항아리, 2019

오리건 중남부에 있는 플로렌스 지역의 사구
여기서부터 시작된 사구는 길이가 남부 아라고 곳까지 60킬로미터에 달한다.

군데가 있다. 우리나라처럼 좁은 땅덩어리에 사막 같은 사구가 있다는 것이 참 신기하기만 한데 사구가 생기는 이치를 알면 충분히 이해가 된다. 우리나라에서 가장 큰 사구는 충남 태안의 신두리 해안사구로 '한국의 사막'이라 불리는데 길이 3.5킬로미터, 최대 폭이 1.3킬로미터, 최대 높이 19미터로 면적은 여의도보다 조금 크며 그 펼쳐진 사구가 정말 장관이다. 신두리는 태안반도에서 북서쪽으로 길게 뻗어 있는데 겨울철 시베리아에서 불어오는 북서풍의 영향을 받아 생긴 것이다.[51] 그렇다면 이 모래는 어디서 오는 것일까? 오리건 듄스가 주로 엄콰강에서 운반되는 모래에 의해 형성된 것이라면 신두리 해안사구는 한강에서 쏟아져 나오는 모래에 의한 것이다. 그래서 옹진군 덕적군도의 굴업도 사구도 상당히 발달했다. 굴업도의 목기미 해변과 목기미 사구가 그곳이다. 한강 하구에서 공급돼 덕적군도 일대 바다 밑에 방대한 모래톱인 풀등을 형성한 모래가 바람을 타고 날아들어 사구를 만든다.[52] 백령도 아래 대청도에도 옥죽동 '모래사막'이 있다. 여기서 '모래사막'은 일반명사가 아닌 고유명사다. 김제평야에서 우리나라의 유일한 지평선을 볼 수 있듯이 우리나라에 사막도 있으니 꼭 외국이 아니더라도 이런 곳을 찾아본다면 아주 색다른 경험을 할 수 있다.

51 박강섭, 『태안 신두리 해안사구: 전문가가 들려주는 신두리해안사구 이야기』, 19
52 조홍섭, 『한반도 자연사 기행』, 한겨레출판, 2011

캐논비치와 헤이스택 바위

서북미 여행의 하이라이트 중의 하나는 해안을 따라 닦인 101번 도로를 따라 내려가며 해안 경치를 보는 것이다. 시애틀 북쪽의 린우드에서 페리를 타고 퓨짓 사운드를 건너 올림픽 반도의 킹스턴으로 또는 시애틀에서 베인브리지 아일랜드로 건너가 101으로 합류하거나 시애틀에서 I-5 프리웨이를 타고 남하해 물리학에서 공명현상을 배울 때 사례로 꼭 다뤄지는 타코마 내로우스 다리^{Tacoma Narrows} Bridge[53]를 건너 북상해 101 도로로 합류 후 올림픽 반도를 한 바퀴 빙 도는 것이다. 101 도로를 지나다 보면 볼거리가 꽤 있다. 브레머튼을 지나면서 미 해군의 잠수함 기지를 볼 수 있고 북상하면서 1800년대 후반 번영을 누렸던 빅토리아 시대의 항구 도시이자 영화 〈사관과 신사〉의 촬영지로 유명한 포트 타운센드, 라벤더 축제로 유명한 스큄^{Sequim}, 포트 엔젤레스, 올림픽 반도의 빙하를 볼 수 있는 허리케인 리지, 솔덕 온천, 크레센트호, 원주민 보호 구역 내 마을인 니아 베이와 서북미 최북단에 있는 케이프 플래터리, 영화 〈트와일라잇〉의 배경인 호 레인 포레스트, 원시 지구의 모습과 같은 착각에 빠지게 하는 바닷가에 조각품같은 암석이 많은 루비비치, 너바나의 리더 커트 코베인의 고향 애버딘, 기다란 모래톱으로 형성된 오션파크를 거치면 컬럼비아강을 만나게 된다.

....

53 현수교인 타코마 내로우스 다리는 1940년 7월 1일 완공되었으나 같은 해 11월 7일 서쪽에서 몰아친 강풍으로 붕괴돼 1950년에 다시 세워졌다. 다리 붕괴 장면은 유튜브 영상으로 볼 수 있다. 'narrows bridge'는 다리가 좁아서가 아니라 해협이 좁아서 붙여진 이름이다. (기사: "75 years ago: Famous clip of 'Galloping Gertie' not accurate, study says", The Seattle Times, 2015.11.7.)

컬럼비아강의 하구에 있는 아스토리아메글러 다리Astoria-Megler Bridge는 큰 배가 드나들 수 있도록 다리가 상당히 높은 각도로 위로 치솟는다. 한 번은 해가 진 후에 이 다리를 건넜는데 캄캄한 하늘에서 불빛이 내려오길래 하늘에서 미확인 비행 물체가 내려오는 줄 착각했다. 알고 보니 다리 상층부에서 차량이 내려오는 것이었다. 이 다리를 건너 오리건주 101 도로를 타고 조금 내려가면 서북미 최고 해변이자 서부 오리건 최고의 여행지인 캐논비치가 나온다.

서북미에서 가장 아름다운 해변이라 할 수 있는 캐논비치에는 멀리서도 눈에 띄는 큰 바위가 있다. 그 모양이 마치 포탄처럼 생겨 이름을 캐논비치라 지었구나 생각했었는데, 미국인들은 포탄이 아니라 건초를 쌓아 둔 모양처럼 생겼다 해서 헤이스택 바위라 부른다. 다 관점의 차이일 뿐이다. 당시 미국인들은 건초 더미를 많이 봤을 터이고 난 건초 더미를 미국에서 처음 봤으니까 건초 더미를 생각해 내기 쉽지 않았던 것이다. 그렇다면 헤이스택 바위가 포탄 모양이 아니면 왜 타운 이름을 캐논비치라 했을까? 그것은 실제로 대포와 관련이 있다. 1846년 침몰한 미국 전함의 대포가 캐논비치의 남쪽 아치 케이프Arch Cape까지 파도에 휩쓸려 왔고 그래서 1922년 이곳을 캐논비치라 정식으로 명명하게 됐다.

1500만 년 전 오리건 동부에서 흘러나온 용암이 컬럼비아강을 따라 바다로 밀려와 얕은 바닷속 웅덩이 같은 곳에 쌓였다. 3백만 년 전 빙하기가 시작되면서 오리건 서부의 해안선은 태평양 쪽으로 확장되었고 기존의 바닷속 침전물은 육지가 되었으며 이후 추가적인 퇴적물로 인해 현재의 해안 지역은 점차 상승했다. 다시 해안 지역은 11,000년에서 18,000년 전 사이 지각 운동에 의해 상승했고 이후 침식 활동에 의해 오리건 북부의 50킬로미터에 달하는 지역의 퇴적물과 용암석이 깎여 나갔는데 이 헤이스택 바위는 그럼에도 불구하고 꿋꿋이 남아 파수꾼처럼 해안에 우뚝 서 있다.[54] 이처럼 오리건 해안에는 침식 잔류 지형이 상당수 남아 있다. 헤이스택 바위 외에도 오리건 남부 밴든 지역에도 침식 잔류의 바위들이 바닷가에 널려 있어 마치 조각 전시장에 온 듯한 착각을 불러 일으킨다. 그중 유명한 바위가 누워 있는 사람의 얼굴 형상을 한 페이스 바위Face Rock이다.

서부 오리건의 랜드마크로 세계에서 가장 큰 단일 암체[55] 중 하나인 헤이스택 바위는 가까이 접근은 가능하나 오르지는 못한다. 바닷새와 불가사리 등 해양 생물을 보호하기 위함이다. 헤이스택 바위는 어느 장소에서 봐도 멋지지만, 나는 캐논비치에 있는 모스식당Mo's Seafood & Chowder 안에서 바라보던 헤이스택 모습을 지금도 잊을 수가 없다. 이곳 캐논비치는 아스토리아와 함께 영화 〈프리윌리〉의 바다 배경이 되었던 오리건 서부 최고의 여행지다.

....

54 기사: "The Seven Wonders of Cannon Beach - Haystack Rock", Cannon Beach Gazette, 2014.8.28.

55 세계에서 가장 큰 단일 암체는 호주 중부에 있는 울룰루Uluru로 에어즈 록 Ayer's Rock이라고도 불린다. 이외에 세계적인 단일 암체로는 브라질 리오데자네이루의 슈가로프Sugarloaf(일명 빵 산), 미국 와이오밍주의 데블스 타워Devils Tower, 요세미티 국립공원에 있는 엘카피탄El Capitan, 조지아주의 스톤마운틴Stone Mountain, 워싱턴주 컬럼비아 강가에 있는 비콘 락Beacon Rock, 칠레 남부에 있는 토레스 델 파이네Torres del Paine, 영국령 지브롤터 Gibraltar 등이 있다.

오리건주의 이콜라Ecola 주립공원에서 바라본 그림 같은 캐논비치.
포탄 모양의 헤이스택 바위는 높이가 72미터로 세계에서 가장 큰 단일 암체Monolith 중
하나로서 서부 오리건주의 랜드마크다.

이 많은 바다사자는
어디에서 오는가?

서북미 바다에 나가 보면 바다사자를 흔히 볼 수 있다. 알래스카 동남부에서부터 밴쿠버, 시애틀 내해인 퓨짓 사운드, 컬럼비아강 하구인 아스토리아, 플로렌스 북쪽에 있는 바다사자 동굴Sea Lion Caves에서 바다사자를 볼 수 있고 캘리포니아에서는 샌프란시스코의 유명한 39번 부두, 몬테레이 베이 등의 해안가에서도 볼 수 있다. 이외에도 수많은 지역에 바다사자가 나타난다. 남쪽으로는 멕시코의 캘리포니아반도와 캘리포니아만에서도 산다. 여기서 말하는 바다사자는 여섯 종의 하나인 캘리포니아 바다사자인데 그중에서도 캘리포니아만에서 사는 바다사자를 제외한 북미 해안에 서식하는 캘리포니아 바다사자를 말한다.

이 바다사자는 수컷과 암컷이 확연히 구별되는 특징을 갖고 있는데 우선 크기에서부터 다르다. 수컷은 몸 길이가 2.4미터까지 자라고 무게도 350킬로그램까지 자라며 목 부분이 두껍다. 반면 암컷은 길이 1.8미터까지 자라고 무게는 100킬로그램까지 자란다. 수컷은 몸 색깔이 진한 갈색에서 검정색이며 암컷은 연한 갈색이므로 쉽게 구분이 된다. 그렇지만 알래스카를 포함하는 서북미를 여행하는 사람이라면 굳이 암수를 구분하는 수고를 할 필요가 없다. 서북미에서 보는 바다사자는 수컷이라고 보면 된다. 그러면 여기에서 의문을 갖는 독자들이 있을 것이다. 수컷만 있으면 번식은 어떻게 하냐고? 걱정할 필요 없다. 서북미의 수컷 바다사자들은 4~5월의 번식기 이전에 짝을 찾아 캘리포니아로 내려간다. 수컷들은

단지 먹이를 구하러 서북미 등으로 올라왔을 뿐이니까.[56]

바다사자는 로스앤젤레스 앞 바다에 있는 채널 제도Channel Islands에서 번식을 하며 일부는 북부 캘리포니아에서도 번식을 한다. 번식기가 끝나면 수컷들은 먹이를 찾으러 북쪽으로 올라가는데 오리건주, 워싱턴주, 캐나다를 거쳐 알래스카 동남부까지 이동한다. 따라서 서북미에서 보는 바다사자는 대부분이 채널 제도에서 태어난 것이라 보면 된다. 이 바다사자에게 컬럼비아강 하구에 있는 도시 아스토리아는 중요한 곳이다. 아스토리아에서 보는 바다사자 중 젊은 바다사자는 캘리포니아에서 올라온 바다사자이지만, 많은 수의 바다사자는 먹이를 찾아 퓨짓 사운드, 브리티쉬 컬럼비아 그리고 알래스카 동남부까지 가서 몇 개월간 지내다 온 것이다. 겨울에 아스토리아에 도착한 수컷들은 번식기를 맞아 채널 제도로 돌아가기 전에 4개월간 최대한 살을 찌운다. 그래서 아스토리아는 바다사자의 경유지로 중요한 곳이다.[57] 아스토리아에 있는 호텔에 묵었을 때 아침에 바다사자들의 소리에 잠을 깬 적이 있었다. 처음에는 무슨 소리인지 몰라 강가로 가 보니 수많은 바다사자들이 장관을 이루고 있었다. 이 바다사자는 일정 기간 민물에서도 살 수가 있는데 일부 바다사자들은 컬럼비아강 하구에서 220킬로미터 상류에 있는 보네빌 댐 앞까지 가서 무지개 송어와 시누크 연어를 잡아먹는다. 이 물고기들은 댐에 설치된 사다리를 타고 상류로 이동하기 위해 머무르는데 이때 바다사자들이 이들을 포식한다. 바다사자들의 포식행위로부터 물고기를 보호하기 위해 워싱턴주와 오리건주 정부는 연간 92마리의 바다사자를 죽일 수 있도록 허용했는데 동물보호주의자들로부터 강한 항의를 받아 왔다. 2008년 생물학자들에 의해 55마리의 바다사자가 안락사 당하고 5마리가 사고사를 당한 후 항의는 더욱

....
56 Wikipedia, California sea lion
57 기사: "California Sea Lions Fat Times on the Columbia", The Seattle Times, 2015.3.29.

샌프란시스코 부둣가에서 쉬고 있는 바다사자들
오리건주 중남부 플로렌스 북쪽에 있는 바다사자 동굴

오리건주 바다사자 동굴 근처 해안에서 휴식을 취하고 있는 바다사자들

거세졌다.

이 바다사자를 죽일 수 있게 된 것은 남획으로 1950년대 2만 마리였던 개체가 그간의 보호 노력으로 2015년에는 30만 마리 이상으로 늘어났기 때문이다. 그런데 한번 생각해 보자. 상류로 올라가는 송어와 연어를 보호하기 위해 이들을 포식하는 바다사자의 일정 개체수를 죽이겠다는 것은 어디까지 인정돼야 할까? 이미 인간은 댐을 지어 물고기들이 회귀하기 어렵게 만들었고 낚시도 허용하는데 이 과정에서 죽은 물고기 수가 더 많다. 보네빌 댐에서 바다사자에게 먹히는 시누크 연어는 2%뿐이고 낚시꾼에 의해 잡힌 연어를 제외하더라도 45%의 연어가 보네빌 댐의 사다리를 통과하지 못한다. 연구결과들은 단지 바다사자가 연어를 죽이는 주범이라고 지적한다. 2014년 연구결과에 의하면 포틀랜드 남부 윌라멧 폭포에서는 바다사자가 13퍼센트의 무지개 송어와 8퍼센트의 시누크 연어를 잡아먹었다고 한다. 문제는 2015년 1~2월 사이 채널 제도와 캘리포니아 해변에서 1,450마리의 어린 바다사자들이 영양실조에 걸리거나 병에 걸린 채로 발견된 것이다. 사람들은 그 이상의 어린 새끼들이 죽었을 것으로 추정했다. 기후변화에 의한 해수 온도 상승으로 바다사자의 먹이인 멸치, 정어리, 고등어 등이 사라졌기 때문이었다. 바다사자가 잡아먹는 연어 수와 낚시꾼, 상업적 연어잡이, 댐을 통과하지 못해 죽는 연어 수 중 어느 것이 더 많을까? 바다사자의 먹잇감 사냥은 건강한 자연 생태계의 한 부분일텐 데 말이다.

『사피엔스』와 『호모 데우스』라는 책으로 한국에 알려진 유발 하라리 교수는 오늘날 대규모 화산 폭발이나 소행성 충돌로 또다시 대멸종을 맞을까 봐 걱정하는 사람들이 있는데, 우리는 소행성을 두려워할 게 아니라 우리 자신을 두려워해야 한다고 일갈한다. 인간이 7만 년 사이에 지구 생태계를 유례가 없는 방식으로 완전히 바꾸면서 생태계 게임의 규칙에 극심한 변화가 생겼기 때문이다. 그는 인간이 지구에 끼치는 영향은 이미 빙하기와 지각판 운동이 지구에 미친 영향과 맞먹으며, 백 년 안에 우리가 미칠 영향은 6,500만 년 전 공룡을 없앤 소행성의 영향을 능가할 것이라고 말한다. 현세의 인간은 이미 전 세계 모든 다른 인류 종, 호주에 살던 대형 동물의 90퍼센트, 아메리카에 살던 대형 포유류의 75퍼센트, 지구의 모든 대형 육상 포유류의 50퍼센트를 멸종으로 내몰았다.[58] 인간은 도도새의 멸종에서 아무것도 배우지 못한 것일까? 최근 거북이가 코에 꽂힌 플라스틱 빨대로 인해 고통을 받는 사진이 큰 이슈가 되었다. 죽은 고래의 배 속에서 나온 플라스틱 컵 등 많은 양의 쓰레기는 무엇을 말하는 것인가? 우리가 섭취하는 소금 속에 있는 미세 플라스틱이 우리가 버린 것임을 모르는 사람은 없을 것이다. 동물이 살 수 없는 세상에서 인간만이 잘 살 수 있으리라는 생각은 커다란 착각이다. 이미 인간은 우리가 만든 환경오염으로 인해 그 영향을 고스란히 받고 있다. 앞으로 우리 아이들은 어떻게 살 것인지 정말 두렵다.

....

58 유발 노아 하라리, 『호모데우스, 미래의 역사』, 김영사, 2015

자작나무의 종양이
암을 치료하다

알래스카에서는 자작나무를 보는 재미가 있다. 앵커리지를 벗어나 북으로 달리다 보면 어느 곳부터인가 길 양옆으로 자작나무가 군락을 이루고 있어 알래스카 중부 페어뱅크스까지 그야말로 장관을 이룬다. 자작나무는 껍질이 하얗기 때문에 백화白華나무라 불린다.

자작나무는 북반구 온대 지역과 알래스카, 시베리아와 북유럽 같은 한대 지역에서 군락을 이루고 산다. 그래서 러시아와 핀란드의 국목이다. 좀 다른 종류이긴 하지만 스웨덴의 국목 역시 백자작나무다. 스웨덴 중부 도시 우메아의 아이스하키팀의 명칭은 '자작나무 잎The Birch Leaves'이다. 체코에서는 3월을 나타내는 말이 자작나무를 뜻한다. 자작나무의 꽃이 3월에 피기 때문이다. 러시아인들에게 자작나무는 '자작나무숲에서 놀다 자작나무 아래로 돌아간다'고 할 만큼 친숙한 나무다. 러시아 소설을 읽다 보면 이 자작나무가 정말 많이 나오고 민요에서도 자작나무가 많이 나온다. 그래서 한국일보 논설위원을 지냈던 김성우 선생은 그의 러시아 문학 기행인 『백화나무 숲으로』에서 "키 큰 백화나무의 숲은 곧 러시아의 가슴이요 그 수액이 러시아 문학이었다"라고 표현했다. 미국의 시인 로버트 프로스트는 그의 시 「자작나무Birches」에서 "나도 한때는 그렇게 자작나무를 휘어잡던 소년이었다. 그래서 나는 그 시절로 돌아가고 싶어 한다"고 읊으며 어린 시절 자작나무에 올라타고 놀았던 시절을 회상하기도 했다.

앵커리지에서 페어뱅크스로 가는 길 좌우로 자작나무가 군락을 이루고 있다.

우리가 화촉을 밝힌다고 할 때의 '화'는 바로 백화나무의 '화'다. 양초가 없던 시절 백화나무 껍질에 불을 붙여 사용한 데서 유래된 것이다. 경주 천마총에서는 백화나무 껍질에 글을 쓴 유물이 출토되기도 했다. 그래서 자작나무를 뜻하는 'Birch'는 많은 언어에서 '나무 껍질에 글씨를 쓸 수 있는 나무'를 의미한다. 자작나무를 나무껍질을 뜻하는 'Bark'를 써서 'Bark-tree'라고도 부른다. 자작나무는 용도가 다양하다. 자작나무 껍질은 방수가 돼서 카누와 바구니를 만드는 데 쓰였고 초근목피로 연명할 정도의 비상 시에는 안쪽 나무껍질을 씹어 먹기도 했다. 스웨덴의 고고학자들은 9,000년 전 유적지에서 석기시대인들이 자작나무의 송진으로 껌을 만들어 씹었던 흔적을 발견하기도 했다. 알다시피 핀란드인들은 이 송진에서 나오는 자일리톨을 이용해 치아를 깨끗이 하는 제품을 만들어 팔았다. 또한 알래스카의 원주민들은 페루나 볼리비아 원주민들이 코카 잎을 씹듯이 자작나무 껌을 씹은 것으로 알려지고 있다. 알래스카와 캐나다의 원주민들은 자작나무 수액을 이용해 시럽, 와인, 맥주는 물론 오일, 비누, 샴푸 등을 만들어 기념품으로

판다.[59] 자작나무는 예부터 버릴 것이 없을 정도로 많은 것을 베푼 없어서는 안
될 나무다.

이것뿐만이 아니다. 자작나무에 종양처럼 붙어 자라나는 것이 바로 면역력 증
진과 항암작용을 한다는 차가[60]버섯이다. 멜라닌 때문에 타 버린 숯처럼 보이는
차가버섯을 따뜻한 물에 우려내어 차처럼 따뜻하게 마시거나 식혀서 차갑게도
마신다. 일본 언론에서는 차가버섯을 '21세기 신이 주신 선물'이라고 극찬하였으
며, 다른 버섯에 비해 탁월한 약용효과를 보인다고 했다. 자작나무 군락지에서 차
가버섯을 차처럼 달여 마시는 사람들은 암, 궤양, 당뇨병 등의 발병률이 현저히
적다는 연구결과도 있다.

이 차가버섯이 일반인들에게 알려지기 시작한 것은 구소련의 반체제 작가인
알렉산드르 솔제니친이 그의 체험적 소설인 『암병동』에서 암 환자들이 구원받을
방법으로 자작나무의 버섯인 차가버섯을 달여 먹고 싶어 한다는 등 여러 차례 언
급했기 때문이다. 『암병동』에서 차가버섯을 언급한 대목을 인용해 본다.

> "박사는 모스크바 근교 알렉산드로프군의 시골 의사인데, 10년째 그곳에서 근
> 무하다 보니 특이한 사실을 발견하게 됐어요. 의학논문에는 암 발병률이 계속
> 올라간다고 써 있는데, 그 병원에 오는 농민 환자 중에는 암을 찾아보기가 힘들
> 다는 것이었어요. 이유가 궁금해진 박사가 조사를 시작했어요."

> "그리고 이것을 알게 되었어요. 그곳 농민들이 찻값을 아끼려고 차가버섯을 끓
> 여 마신다는 걸요."

....

59 Jim Pojar and Andy MacKinnon, 1994 "Plants of the Pacific Northwest Coast", 47
60 차가Chaga는 러시아어지만 우랄산맥 서부의 카마강 유역에 사는 원주민의 말에서 나왔다.

"정확히 말하자면 자작나무의 버섯이 아니라 자작나무의 암이야. 자작나무 고목 표면에 혹처럼 붙은, 겉은 검고 속은 흑갈색의……."

"창가에 놓인 작은 병에는 흑갈색의 자작나무의 버섯을 달인 액이 들어 있었다. 다른 환자들은 부러운 듯이 그 병을 구경하러 왔다."

"지금은 모스크바에서 화제가 되고 있어요. 모스크바에서 반경 200킬로미터 이내의 버섯은 모조리 채집돼서 지금은 숲속에 들어가도 하나도 없다더군요."

소설 『암병동』은 솔제니친이 우즈베키스탄의 타쉬켄트 종합병원에 입원했을 당시의 상황을 배경으로 그린 체험적 기록이다. 그래서 알래스카에 가면 초콜릿, 시럽, 비누, 핸드크림 등 자작나무를 이용한 제품이 많이 있지만 뭐니 뭐니 해도 좀 비싸기는 하지만 차가버섯을 가장 좋은 기념품으로 친다.

자작나무는 한대 지역뿐만 아니라 우리나라와 일본 같은 온대 지역에서도 자란다. 우리나라에서는 강원도 인제의 원대리 자작나무숲이 유명하다. 서울에서 가까운 곳으로는 곤지암 화담숲에서 자작나무를 볼 수 있다.

디날리 산Mount Denali을 바라보며

유년 시절을 광주에서 지낸 나는 1977년에 있었던 기념비적인 두 가지 사건을 기억한다. 그해는 우리나라 역사상 처음으로 수출 100억 불을 돌파했으며, 산악인 고상돈이 한국인 최초로 9월 15일 세계 최고봉 에베레스트(8,848미터)를 등정하면서 우리나라가 세계 8번째 에베레스트 등정국이 된 해이다. 당시 초등학교 5학년이었던 나는 광주에서 열린 고상돈 에베레스트 등정 기념 사진전을 보러 가기도 했다.

그는 1979년 5월 29일 알래스카의 매킨리[61]산(6,194 미터) 등정에 성공하였으나, 하산 도중 동료 이일교와 함께 1,000미터 아래로 추락해 세상을 떠났다. 그의 묘소는 고향인 제주도 한라산 1,100고지에 있다. 나는 알래스카를 생각하면 가장먼저 북미 최고봉인 매킨리산을 떠올린다. 바로 산악인 고상돈 때문이다.

그래서 나는 알래스카에 가면 꼭 보고 싶은 곳이 지금은 디날리산으로 불리는 매킨리산이었다. 앵커리지에서 페어뱅크스까지는 약 580킬로미터인데 앵커리지에서 북쪽으로 180킬로미터 지점에 탈키트나Talkeetna라는 타운이 나온다. 이곳에 디날리산을 경비행기로 돌아볼 수 있는 공항이 있다. 그리고 이곳이 바로 디날리산 등정을 위해 산악인들이 등록을 하는 곳이다. 조그마한 탈키트나공항 바로 옆에 디날리 등정에서 유명을 달리한 산악인들을 추모하는 공원도 있다. 짧은 일정

---

61 매킨리산은 알래스카 원주민의 청원에 따라 2015년 8월 버락 오바마 대통령의 행정명령으로 100여 년 만에 디날리라는 명칭을 되찾았다.

인지라 경비행기로 디날리를 볼 수는 없었다. 가는 도중에 디날리산만 바라보기로 하되 고상돈 추모비는 꼭 들러 보고 싶었다. 추모 공원에 막 들어서자마자 오른쪽에 제일 먼저 눈에 들어오는 것이 산악인 고상돈과 이일교의 추모비였다. 그 추모비 앞에 성조기가 꽂혀 있는 것을 보고 태극기를 가져오지 못한 것이 못내 아쉬웠다. 알래스카를 다녀온 후 앵커리지 한인회장님께 연락해 탈키트나를 방문하는 사람이 있으면 태극기를 추모비 앞에 꽂아 놓았으면 좋겠다는 부탁을 드렸다.

디날리산은 북미 최고봉이어서인지 길을 가면서는 자태를 드러내지 않아 제대로 볼 수가 없고 가는 도중에 잠깐 전망하는 곳이 나올 뿐이다. 이곳을 지나치면 디날리산을 가면서 볼 수는 없다. 워낙 첩첩산중으로 안쪽에 자리 잡고 있고 또 험한 산세 때문에 길을 안쪽까지 낼 수 없기 때문이다. 디날리산을 제대로 보려면 디날리 국립공원 방문자 센터에서 출발해서 한참 들어가야 한다. 그렇지 않으면 탈키트나에서 경비행기로 다녀올 수밖에 없다. 30분을 더 투자하면 디날리 국립공원 내 빙원에 착륙해서 빙하를 밟을 수도 있다.

:::: 탈키트나공항 바로 옆에 있는 유명을 달리한 산악인 묘역
:::: 탈키트나 묘역에 있는 산악인 고상돈과 이일교 추모비

앵커리지에서 페어뱅크스까지

천혜의 때 묻지 않은 알래스카의 자연을 만끽하려면 여름엔 앵커리지, 겨울엔 페어뱅크스가 제격이라는 생각이 든다. 빙하를 보려면 1916년까지 얼음으로 덮여 있었으나 지금은 호수가 된 앵커리지에서 가까운 포티지에서 호수 위 크루즈를 타거나, 위디어 또는 스워드에서 바다 빙하와 피오르드Fiord를 보면 좋다. 호수나 바다로 빙하가 무너져 내리는 것도 장관이지만, 그만큼 해수면은 높아질 것이라고 생각하니 마음이 편하지 않다. 포티지의 방문자 센터도 과거에 빙하가 있었던 곳이라고 하니 아름다운 빙하를 보면서도 한편으로는 마음이 꺼림칙하다.

미 동부의 일부 섬도 물에 잠기기 시작했고 인도양의 몰디브, 태평양의 투발루, 키리바시 등 여러 섬나라가 수면 상승으로 사라질 위기에 처해 이민 대책을 서두르고 있다. 과거에는 빙하기와 해빙기가 반복되면서 해수면 상승과 하강이 거듭됐지만 그동안은 자연적인 현상이었고, 이제는 인간이 인위적으로 지구 온난화를 부추기고 있다는 것이 큰 문제다. 나 하나라도 덜 쓰고 덜 버리는 환경보존 마음이 절실하다. 우리 후대를 위해서 말이다. 영화 〈인터스텔라〉에서처럼 지구를 버리고 새로운 행성을 찾아나설 날이 정말로 올지 모른다. 요사이 미세먼지로 인해 뿌옇게 변한 도시를 보면 〈인터스텔라〉가 현실이 된 것 같아 탄식에 젖기도 한다.

페어뱅크스에서는 겨울에는 오로라, 여름에는 백야 현상을 볼 수 있다. 오로라를 보기 위해 캐나다의 옐로우나이프를 방문하기도 하지만, 서북미에서는 페어

앵커리지 인근 포티지 호수 위에서 본 빙하
7월 초 자정 무렵 페어뱅크스에서 본 백야 현상

뱅크스로 가는 것이 편하다. 옐로우나이프를 가려면 밴쿠버 등 캐나다에서 출발해야 하기 때문에 불편하다. 첫날 페어뱅크스공항에 밤 10시경에 도착해 바로 오로라를 보러 페어뱅크스 외곽으로 갔지만, 새벽 3시까지 오로라를 기다리다 결국 못 보고 이틀째 다행히 밤 10시에 오로라를 볼 수 있었다. 마치 하늘에 녹색의 커튼이 내려와 춤을 추듯이 펄럭이는 모습을 난생처음 목격하였는데 그 감동은 이루 말로 표현할 수가 없다. 한여름에 페어뱅크스에서는 자정 무렵 하늘이 보라색으로 변하는가 싶더니 더 이상 어두어지지 않아 밤늦게까지 외부에서 지낼 수 있었다. 오로라와 백야 현상은 처음 겪어 보는 진기한 경험이었다.

겨울철 페어뱅크스에서는 눈길을 달리는 허스키 썰매도 경험할 수 있다. 허스키는 개의 품종이 아니라 썰매를 끄는 모든 개들을 부르는 말이다. 이 허스키 썰매와 관련된 세계 최대의 개 썰매 경주 대회는 아이디타로드Iditarod로 대회 구간은 총 1,800킬로미터이며 앵커리지에서 출발해 러시아 땅이 보이는 베링해 연안 타운인 놈Nome까지 이어진다. 아이디타로드는 아사바스칸Athabaskan 원주민의 말로 '먼 길'을 의미한다. 이 대회는 감동 어린 기원이 있다. 놈에는 19세기 말부터 금맥을 찾으러 온 사람과 20세기 들어서 사금을 캐는 사람들까지 모여 인구가 5만까지 폭발적으로 늘게 됐다. 1925년 이곳에 디프테리아가 창궐해 사람들이 쓰러지기 시작했는데, 앵커리지까지 들어온 혈청을 악천후로 놈까지 실어 나를 수 없는 상황이었다. 10명이 자원해 1,800킬로미터의 길을 뚫고 얼어붙은 산과 강을 헤쳐 혈청을 무사히 운반해 사람들을 구한 데서 후에 아이디타로드 경주가 생겨났다. 앵커리지 북부에 있는 와실라Wasilla에는 아이디타로드 개 썰매 경주 대회 본부가 있어 각종 자료와 영상을 볼 수 있다. 와실라는 2008년 대선 당시 사라 페일린이 존 매케인의 러닝메이트로 지명되면서 유명해진 곳이기도 하다. 아이다호주 샌드포인트Sandpoint 출신인 사라 페일린이 와실라의 시 의원으로 시작해 알래스카 주지사까지 지냈기 때문이다.

북극해 프루도베이Prudhoe Bay에서 알래스카의 알프스라 불리는 발데즈Valdez까지 1,288 킬로미터 길이로 뻗어 있는 송유관을 보는 것도 좋은 경험이다. 이곳 발데즈는 1989년 3월 23일 5,300만 갤런의 원유를 싣고 캘리포니아로 향하다 프린스 윌리엄 사운드에서 암초에 좌초돼 적재량의 20%인 1,100만 갤런의 원유를 유출시켜 지금까지 해상에서 발생한 최악의 인위적 환경 파괴를 일으킨 엑손 발데즈호가 출항한 곳이기도 하다. 페어뱅크스 인근의 치나온천Chena Hot Springs 도 서북미에서 볼 수 없는 수준급의 온천이다. 겨울철 치나온천 내 아이스박물관에서 만드는 얼음 작품들도 볼만하다.

나는 앵커리지에서 페어뱅크스를 거쳐 북극해에 면해 있는 프루도베이까지 차를 몰고 가 보는 것이 작은 꿈이었는데 페어뱅크스까지 가 봤으니 절반의 꿈은 이룬 셈이다. 언젠가는 페어뱅크스에서 출발해 프루도베이에 가서 북극에서 불어오는 차가운 바람을 맞으며 북극해의 시리도록 차가운 바닷물에 손을 담가 보리라.

페어뱅크스의 겨울에 쉽게 볼 수 있는 오로라   (사진 : Cecille Cezar Belista)
페어뱅크스의 허스키 썰매

셸란 호숫가에 있는 벤슨 빈야드 이스테이트 와이너리Benson Vineyards Estate Winery

제
4
장

홍수
이후

외롭고 슬픈 바위

워싱턴주 북부에서 빙하의 흔적을 볼 수 있지만, 시애틀에도 손쉽게 강렬한 인상을 주는 흔적을 볼 수 있는 곳들이 있다. 워싱턴 대학교 북쪽 방면에 웨지우드라는 지역이 있는데 28th Ave NE와 NE 72nd Street에 가면 외롭게 홀로 서 있는 집채 만한 큰 바위가 있다. 지금으로부터 만 년이 훨씬 넘는 과거에 캐나다 어느 지역에서부터 여행을 한 후 지금 그 자리에 멈춰 서 있다. 이 바위를 보면 참 처연하다는 느낌이 든다. 함께 손잡고 왔던 빙하는 떠나 버리고 홀로 남은 고아, 떠나 버린 부모를 그리워하며 서 있는 아이 같은 느낌이랄까. 어릴적 어머니의 직장 생활로 광주에 있는 가족과 떨어져 어머니와 단둘이 전남 나주에서 살 때, 동네 아이들이 저녁을 먹으러 다 떠나 버린 해질녘의 마당에서 업무로 늦게 오시는 어머니를 기다리며 우두커니 서 있던 내 모습이 문득 떠올랐다. 외로운 바위의 벗이 되어 주었을 나무는 이런 바위의 마음을 아는지 모르는지 무심히도 그네가 매달려 있다. 안내문 하나 없어서 더욱 쓸쓸하기만 하다. 이렇게 빙하에 의해 밀려와 남게 된 바위를 표석漂石이라 하는데 영어로는 '이래틱Erratic' 또는 '불더Boulder'라고 부른다.[62]

웨지우드에서 가까운 곳에는 그린 호수Green Lake가 있다. 과거 빙하가 후퇴하면서 남은 빙하가 그대로 녹아 호수가 된 곳이다. 빙하가 후퇴하면서 일부 빙하 조각이 남게 되었고 이 빙하의 주위에 토사가 쌓인 후 빙하가 녹아 그대로 호수가

....

62 Seattle: Discover and Explore Past Landscapes, The Waterlines Project

: 시애틀 웨지우드에 있는 빙하가 남겨 놓은 바위
: 쿠거 마운틴에 있는 빙하가 남겨 놓은 바위인 팬타스틱 이래틱Fantastic Erratic

시애틀에 있는 빙하가 남아 녹아서 생긴 그린 호수

된 것이다. 이러한 호수가 지표면이나 지하에서 흐르는 물을 자연적으로 공급받을 경우 이를 케틀 레이크Kettle Lake라 한다. 지하수나 강우로 물을 공급받고 건기에는 말라 버리는 경우는 케틀 폰드Kettle Pond 또는 케틀 웨트랜드Kettle Wetland라 부른다. 현재의 그린 호수는 인근에 공원을 조성하기 위해 1911년 수위를 2미터 이상 낮게 조정한 것이다.[63] 워싱턴주에는 스포캔 동남부 인근에 있는 피쉬 호수Fish Lake가 케틀 레이크다.

한인들이 많이 사는 벨뷰 인근 쿠거 마운틴 리저널 와일드랜드 공원에도 빙하로 밀려온 표석이 여러 개 있다. 쿠거 마운틴의 동쪽 베어 리지 트레일Bear Ridge Trail에 시애틀 웨지우드에 있는 것과 비슷한 크기의 표석이 있는데 이 표석은 산허리에 감싸여 있어서 마치 안착해 있는 느낌이다. 이 표석은 안내판도 있고 '팬타스틱 이래틱'이라는 이름도 있다. 거기서 다시 남쪽으로 렌튼-이사콰 도로 근처에 있는 피크 트레일을 조금만 올라가면 크기가 다양한 십여 개 이상의 표석을 볼 수 있는데 역시 안내판과 '더 불더스The Boulders'라는 이름이 있다. 이곳은 표석들이 마치 가족처럼 오손도손 모여 있는 느낌이다.

이곳 쿠거 마운틴에는 표석 외에도 다양한 볼거리가 있다. 쿠거 마운틴은 내가 살던 곳의 뒷산 격이었다. 서울 사람들이 남산에 잘 안 가듯이 나도 가 볼 생각을 안 했는데 최근 서너 번을 다녀왔다. 이렇게 가까운 곳에 볼거리가 많을 줄은 생각지도 못했다. 위에서 말한 표석들 외에도 다양한 종류의 나무들을 볼 수 있어 마치 식물원에 온 듯한 느낌이 들었다. 가끔 뱀, 달팽이 등도 볼 수 있다. 트레일 입구에는 쿠거나 곰을 만나면 취해야 할 행동이 안내판에 나와 있는데 겁은 났지만 다행히 이들을 만나지는 않았다. 그래서 산 이름이 쿠거 마운틴 아니겠는가.

....
63 위의 자료

특히 인상 깊었던 것은 1900년대 중반까지 이곳에서 중국인 노동자들이 석탄을 채굴했던 흔적이 곳곳에 남아 있다는 사실이다. 석탄 갱도에서부터 기관차를 운행하던 트랙, 석탄 갱도에 물이 흘러가지 않도록 물의 흐름을 바꾸는 댐 등 다양한 볼거리를 제공하고 있다. 중국인들이 이곳까지 와서 피땀을 흘렸다는 사실에 숙연한 마음이 들었다. 쿠거 마운틴의 산자락에 있는 멋진 뉴캐슬 골프장은 두 개의 코스가 있는데 코스 이름의 하나는 차이나 크릭China Creek이고 다른 하나는 코울 크릭Coal Creek이다. 이 골프장은 중국인들의 노고와 희생을 기억하고 기념해 주는 것 같아 조금이나마 마음의 위안을 받는다. 이 골프장의 클럽하우스 뒤편이나 코울 크릭을 도는 18홀 내내 멀리 시애틀 시내와 퓨짓 사운드 그리고 눈 모자를 쓴 올림픽 반도의 연봉들이 늘어서 있는 멋진 장면들을 볼 수 있어 골프를 치지 않더라도 손님이 오면 꼭 모시고 가는 그런 전망대다.

이처럼 시애틀과 워싱턴주 나아가 서북미 곳곳에는 빙하의 흔적이 가득하다. 길거리를 지나칠 때 눈에 띄는 큰 바위가 홀로 있다면 한 번쯤 의문을 가져 보자. 경이로움이 가득 찬 서북미에 살고 있는 동포들은 행운과 축복이라는 생각이 든다. 시애틀은 구백구십구국이 아니라 존 덴버가 노래했던 '천국에 가까운 곳Almost heaven' 아니면 또 하나의 모리셔스라 해도 과하지 않을 것 같다.

뉴캐슬 골프장의 고풍스러운 모습의 클럽하우스
클럽하우스 쪽에서 바라본 시애틀 방면과 올림픽 반도의 연봉

악명 높은 체임버스 베이|Chambers Bay

시애틀에서 차를 타고 남쪽으로 40분 정도 내려가면 시애틀과 스포캔에 이어 워싱턴주 제 3의 도시인 타코마가 있다. 워싱턴주는 미 본토에서 아시아와 최단 거리에 위치한 지리적 특성상 다양한 군 시설이 들어서 있다. 타코마에 육군과 공군의 루이스 매코드 합동 기지가 있고 인근 브레머튼에 해군 기지가 위치하는 등 육해공군이 집결돼 있다. 아시아에 분쟁이 일어날 경우 미군은 타코마에서 가장 먼저 출병한다. 그래서 한국전쟁 이후 미군과 국제 결혼한 우리네 여인들은 이곳에서 많이 살았다.

타코마 인근 퓨짓 사운드 바닷가에 유니버시티 플레이스University Place라는 작은 도시가 있다. 피어스 카운티가 운영하는 체임버스 베이 퍼블릭 골프장에서 2015년 6월 메이저 대회인 US 오픈 골프 대회가 열렸다. 마지막 4라운드 파 5의 18번 홀을 남겨 두고 공동 선두를 달리던 조던 스피스와 더스틴 존슨은 모두 2 온 그린에 성공했다. 조던은 2 퍼트 버디로 마무리하였고, 더스틴은 3미터 넘는 퍼팅에 성공하면 이글로 우승하는 상황. 그러나 더스틴은 긴장했던지 이글은커녕 짧은 버디 퍼팅에도 실패하고 파를 하면서 조던에게 최연소 US 오픈 우승 타이틀을 넘겨주었다. 조던의 4라운드 합계 스코어는 5언더 파. 이 코스가 얼마나 어려운지 짐작이 갈 것이다.

이 악명 높은 코스는 워싱턴주 내륙 깊숙이 파고 들어온 퓨짓 사운드 내해 옆에 자리 잡은 링크스 스타일 코스다. 링크스는 원래 링크스 랜드Links Land라 불리

2015년 6월 US 오픈 대회 모습

15번 홀의 '외로운 전나무'. 건너편 섬이 폭스Fox섬이다. 체임버스 베이 골프장에도 가끔 여우가 출몰한다.

는 북해North Sea에서 부는 차가운 바람에 모래가 날려 쌓인 스코틀랜드의 황무지를 일컫는다. 나무는 몇 그루 정도만이 자란다. 체임버스 베이에는 15번 홀에 더글러스 퍼 나무 한 그루만이 있다. 그래서 15번 홀을 외로운 전나무Lone Fir 홀이라 부른다. 캘리포니아주 몬테레이 인근의 유명한 페블비치 골프장에 있는 외로운 사이프러스Lone Cypress를 연상케 한다.

이곳은 페스큐Fescue라는 허리까지 자라는 거친 풀과 가시금작화Gorse의 낮고 억센 관목만이 자라는 지대다. 체임버스 베이는 페어웨이와 그린에도 페스큐를 사용했는데 이는 스코틀랜드나 아일랜드의 링크스 코스의 페스큐처럼 시원한 기후의 모래 지형에서 잘 자란다. 반면 남부 오리건주의 사구로 유명한 밴든의 밴든 듄스 골프장의 페어웨이는 그린처럼 단단하고 빠른 것으로 평가받고 있다. 그래서 스코틀랜드인들은 스코틀랜드에 있는 링크스 골프장만이 링크스 코스이고 다른 비슷한 골프장은 링크스 스타일 코스라 부른다. 링크스 코스는 황무지 자연 그대로를 이용해 만든다.[64] 이 악명 높은 체임버스 베이 골프장은 US 오픈 대회 이후 프로 골퍼들로부터 많은 불평을 받아 왔다. 골프장 측은 결국 2019년 4월 페스큐 그린에서 포아Poa 그린으로 재단장했다.

이곳 퓨짓 사운드는 빙하가 내륙을 깊게 깎으면서 파고들어 왔고 빙하기 말에 빙하가 후퇴하던 중 후안 데 푸카 해협을 막고 있던 빙하가 무너지면서 바닷물이 밀려들어 와 내해가 된 지역이다. 그래서 체임버스 베이를 포함한 퓨짓 사운드 지역에는 조금만 땅을 파 보면 모래층 밑에 빙하로 쓸려 내려오고 홍수로 쓸려 온 자갈이 있다. 이곳 체임버스 베이는 이후 내해가 되면서 자갈 위에 모래 언덕을

....

64 기사 : "U.S. Open is coming, and here is how it happened", The Seattle Times, 2014.4.20.

만들어 냈다.[65]

　체임버스 베이 골프장 지역은 거대한 모래와 자갈 언덕이었고 한 세기에 걸쳐 모래와 자갈을 채취했던 지역이다. 물론 골프장을 만들면서 일부 모래와 자갈이 제거되기도 했다. 그런 면에서 보면 자연 그대로의 모습이 아니고 거대하게 파헤쳐진 지역이다.

　파헤쳐진 단양의 거대한 석회석 지대를 보고 '아, 우리가 이렇게 파먹고 살았구나' 하던 유홍준 교수의 탄식이 절로 생각나는 그런 곳이다. 하지만 체임버스 베이는 파헤쳐진 모습에서 2007년 6월 아름다운 링크스 스타일 골프장으로 변모해 피어스 카운티에서 관리하고 있다. 체임버스 베이 골프장은 개장한 지 8개월 만에 US 오픈을 유치할 정도로 전형적인 링크스 스타일 코스이며 코스 서쪽 아래로 퓨짓 사운드를 바라보는 경치가 일품이다. 골퍼들은 체임버스 베이를 미국의 세인트 앤드루스라고 부른다. 그래서 전 시애틀 타임스의 칼럼니스트인 블레인 뉴넘 Blaine Newnham 은 체임버스 베이에 대한 역사를 책으로 엮으면서 책의 제목을 『미국의 세인트 앤드루스 America's St. Andrews』[66]라 했다.

....

65　Southsoundtalk.com, 'Chambers Bay Before There was Golf'
66　세인트 앤드루스St. Andrews는 영국 스코틀랜드 동부 해안에 있는 도시로 골프의 발상지로 알려져 있으며, 링크스 코스로 유명하다.

모래와 자갈을 채취하던 시기의 시설물
체임버스 베이 골프장은 퓨짓 사운드 쪽으로 철길이 있다.

미줄라 홍수

현재의 미국과 캐나다 국경 아래로 남하하던 빙하의 일부는 아이다호주 북부에 있는 샌드포인트Sandpoint[67] 지역으로 밀려들었고 지표면을 350미터까지 깎아내면서 지금의 펜드 오레일Pend Oreille 호수를 만들었다. 이 빙하는 호수 동쪽에 있는 컬럼비아강의 상류인 클라크 포크Clark Fork강의 흐름을 차단하게 된다. 그 차단벽을 아이스 댐Ice Dam이라 부르는데 아이스 댐에 막힌 강물은 서부 몬태나주에 있는 도시인 미줄라를 중심으로 서북쪽 저지대, 동으로는 I-90 프리웨이를 따라가면 나오는 드러몬드Drummond 지역까지, 남으로는 비터루트Bitter Root 계곡까지 광대한 지역을 호수로 만들었다. 그래서 빙하시대의 이 호수를 도시 미줄라의 이름을 따 미줄라 호수라 부른다.

미줄라 소재 몬태나 대학교의 뒤쪽에 유니버시티University산이 있는데 이 대학본관 앞에서 산을 보면 수평으로 희미한 줄이 있는 것을 볼 수 있다. 그 줄은 미줄라 호수의 수위가 변화하면서 생긴 흔적이다. 유니버시티산을 지그재그로 올라 커다란 엠Big M(몬태나 대학의 'M'을 뜻한다) 자를 지나 북쪽으로 클라크 포크강이 바라다 보이는 곳에 표지석이 있는데 이 표지석은 미줄라 호수에 물이 가장 높이 차올랐을 때의 경계를 표시하는 것이다. 이곳에서 미줄라 도시와 멀리 아이다호 방향을 바라보면서 발밑까지 물이 차올랐음을 상상해본다. 저 도시가 있는 곳이 물로 잠겨 있었다고 짐작하니 자연의 힘은 위대하다는 생각이 든다. 인류가 자

---

67 아이다호주 북부의 펜드 오레일 호수 서북쪽에 있는 휴양지인 샌드포인트도 빙하에 의한 침식으로 생긴 이 호수의 가장자리에 모래톱이 발달한 곳에 타운이 생기면서 샌드포인트라 이름 지어졌다.

몬태나 대학 뒷산인 유니버시티산. 수평으로 호수의 수위가 변한 흔적을 볼 수 있다.

유니버시티산에 있는 빅 엠Big M으로 M은 몬태나 대학을 나타내는 몬태나 첫 글자의 M을 의미한다.

미줄라 호수의 최고 수위를 나타내는 유니버시티산의 표지석

유니버시티산에서 바라 본 미줄라
도도하게 흐르는 클라크 포크강

연을 필요 이상으로 거스르지 않고 살아가면 좋겠다는 작은 바람을 가져 본다.

펜드 오레일 호수 상류의 클라크 포크강은 폭이 넓지는 않지만 강물이 거칠면서도 도도히 흐른다. 이 강을 아이스 댐이 차단했으니 아이스 댐이 붕괴되기 전까지의 호수의 압력은 상상하기 힘들 정도로 엄청났을 것이다. 이 강을 차단했던 아이스 댐의 높이는 시카고의 윌리스 타워(구 시어스 타워)보다 높은 440미터 이상이었다.

아이다호 북부와 몬태나에 걸쳐 형성되었던 거대한 호수는 12,000년에서 15,000년 전 해빙기가 오면서 또 한 번 격변기를 맞이한다. 해빙에 따라 아이스 댐에 서서히 금이 가기 시작하면서 간헐적으로 댐이 터져 홍수가 나기 시작했다. 워싱턴주 동남부의 소도시 왈라 왈라Walla Walla[68] 근처의 퇴적층을 통해 당시 그 지역에 32회의 홍수가 있었음을 알 수 있다. 그리고 마침내 아이스 댐이 일시에 무너지면서 서북미는 대홍수에 휩쓸린다. 이 홍수는 아이다호를 지나 미줄라 호수와는 별도로 현재 그랜드 쿨리 댐이 있는 곳의 컬럼비아강이 빙하에 막혀 형성된 컬럼비아 호수와 합쳐져 아이다호 최대의 휴양 도시인 코드레인Coeur D'Alene에서부터 어마어마한 수량으로 스포캔을 포함한 워싱턴주 동부 분지 지역을 덮쳤다. 이는 다시 왈라왈라 계곡를 향하다 왈라왈라 인근의 좁은 통로에 막혀 야키마 계곡 등으로 역류하게 된다. 이 좁은 통로를 왈룰라 갭Wallula Gap이라 부른다.[69] 왈룰라 갭의 좁은 통로를 지난 홍수는 워싱턴주와 오리건주를 가르는 좁은 컬럼비아강을 세차게 뚫고 지나갔다. 이때 생긴 급격한 침식으로 컬럼비아강에는 장대한 협곡이 형성되었으며, 오리건주 쪽 절벽에는 멀트노마 폭포 등 수많은 아름다운 폭포가 생겨나게 됐다. 반면 워싱턴주 방면은 산사태가 일어나 상대적으로 절벽

......

68 Walla는 원주민어로 물을 의미한다.

69 Ice Age Floods Institute, Ice Age Floods in the Paific Northwest

은 많이 형성되지 못했다. 산사태의 흔적을 가장 쉽게 볼 수 있는 지역이 바로 캐스케이드락이라는 지역이다. 산사태로 물길이 좁아져 있어 1800년대 말 물길을 막아 수로 시설을 만들기도 했으며, 1938년에는 보네빌 댐으로 대체되기에 이르렀던 곳이다.

컬럼비아강의 협곡을 지난 홍수는 포틀랜드 북쪽 칼라마 지역의 좁은 통로인 칼라마 협곡에 다시 막혀 태평양 바다로 바로 빠져나가지 못하고 또 한 곳의 저지대인 오리건 월라멧 계곡으로 역류했다. 지형도를 보면 알겠지만, 월라멧 계곡은 오리건에서 I-5 프리웨이를 중심으로 좌우로 펼쳐져 있는데 유진Eugene까지 저지대가 펼쳐져 있어 홍수가 이곳까지 남하했다. 그래서 포틀랜드 이남에서 유진까지의 저지대에 프리웨이를 대부분 직선으로 만들 수 있었다. 자동차를 타고 오리건에서 캘리포니아로 가다 보면 캐스케이드 산맥과 해안 산맥이 점차 좌우를 좁혀 오며 유진을 바로 지나면서 산맥이 합류한다. 유진 이남부터 프리웨이는 바로 산악 지대를 통과하게 된다. 그래서 눈 내리는 겨울에는 캘리포니아로 갈 때 해안가 101 도로를 타기도 한다.

멀트노마Multnomah 폭포. 오리건주 쪽 컬럼비아 강가에 있는 이 이중 폭포는 높이가 189미
터로 오리건주에서 가장 높은 폭포다.

아이다호주 펜드 오레일 호수로 남하하던 빙하가 이 호수 동쪽의 클라크 포크강을 차단하면서
아이스 댐 역할을 하였다. 그래서 아이스 댐의 동쪽은 거대한 미줄라 호수가 되었다.

홍수의 흔적

지금의 그랜드 쿨리와 솝 레이크로 이어지는 물길의 흔적은 남하하던 빙하가 현재의 컬럼비아강을 막으면서 때때로 물이 흘렀던 길인데 아이스 댐이 무너지면서 이 물길에 두 개의 큰 폭포가 생겼다. 이 두 개 중 상류 쪽인 어퍼 쿨리 지역의 폭포가 더 컸는데 당시 물의 높이는 120미터 이상이었고 빠른 물살은 폭포를 32킬로미터까지 침식으로 후퇴시키면서 수많은 현무암 바위들을 쏟아 냈다. 또 하나는 솝 레이크 근처에서 시작된 폭포 역시 30킬로미터 이상 후퇴하면서 지금의 드라이 폴스Dry Falls를 만들었다. 그래서 상류 쪽 어퍼 쿨리 지역 폭포가 훨씬 길고 폭도 큰 뱅크스 레이크Banks Lake를 만들었다. 어퍼 쿨리 지역은 댐이 만들어져 있어 당시의 현장은 볼 수 없는데 그보다 규모가 작았다고 하는 지금은 물이 흐르지 않는 드라이 폴스를 보면 어퍼 쿨리 지역 폭포의 규모를 대략 짐작할 수 있다. 드라이 폴스의 크기는 나이아가라 폭포의 3.5배 규모로 폭 5.6킬로미터, 높이는 122미터이고, 나이아가라 폭포의 폭은 1.6킬로미터, 높이는 50미터로 드라이 폴스는 지질 역사상 가장 큰 폭포 중의 하나다.[70]

그랜드 쿨리 댐에서 드라이 폴스까지 가는 길에 형성된 뱅크스 레이크를 지나 리노Lenore 레이크와 솝 레이크 사이에 있는 계곡이 바로 홍수가 지나갔던 길이다. 이 길은 너무 멋져서 수시로 차를 세워서 카메라 셔터를 연신 누르지 않을 수 없게 만든다. 그랜드 쿨리 댐에서 드라이 폴스, 솝 레이크를 거쳐 컬럼비아강 동

70 Washington State Parks and Recreation Commission, Dry Falls, A Washington State Parks, Heritage Area

현재는 물이 흐르지 않는 드라이 폴스. 절벽 위로 보이는 마을을 보면 이 폭포의 규모를 짐작할 수 있다.

컬럼비아강을 건너 워싱턴주 동부로 가다 보면 숩 레이크 남부 지역 구릉에 흩어져 있는 바위들을 볼 수 있는데 이 바위들이 바로 홍수로 주상절리에서 떨어져 나온 현무암 바위들이다.

위싱턴주 동남부 리콜L'Ecole 41 와이너리 바로 인근에서 홍수로 인한 토양 퇴적층을 볼 수 있다. 32개 층으로 32번의 홍수가 있었음을 알 수 있다. (자료: Ste. Michelle Wine Estate)

쪽의 고지Gorge라는 지역의 프렌치맨 쿨리로 이어지는 길은 임시 물길이었는데 홍수는 이 임시 물길을 포함해 컬럼비아강의 동쪽에서 서남쪽으로 휩쓸고 지나갔다. I-90 프리웨이를 타고 동쪽으로 가다 컬럼비아강을 건너면서 스포캔과 풀만Pullman 방면으로 길이 갈라지는데 그 다리를 건너면 바로 북쪽 지역이 홍수가 터져 내려왔던 프렌치맨 쿨리 지역이다.

기후 변화가 현실로 다가오고 있다. 역사적으로도 기후 변화가 있을 때 홍수가 있었다. 과거의 기후 변화는 자연 그 자체로 서서히 이뤄졌지만 지금의 기후 변화는 인류로 인해 급격히 이루어지고 있다는 것이 문제다. 자연은 개발의 대상이라기보다는 우리와 함께 가야 하는 동반자라는 인식이 아쉬운 때다.

: 드라이 폴스 바로 남쪽에 있는 선 레이크스–드라이 폴스Sun Lakes-Dry Falls 주립공원. 홍수로 인해 직각 형태로 물길이 난 쿨리 지형임을 알 수 있다.

: 워싱턴주 동남부에 있는 팔루즈 폭포. 홍수로 급격한 침식이 생긴 지형이다.

홍수의 전설

전 세계적으로 북반구 고위도에 살았던 민족들은 홍수의 전설을 간직하고 있다. 12,000~15,000년 전 빙하기 말 북반구에 홍수의 시대가 있었다. 해빙에 따라 많은 곳이 물에 잠기기 시작했다. 고대 메소포타미아의 길가메시[71] 서사시도 그러한 기록이다. 도버 해협이 지금의 북해 자리에 있던 빙하호가 넘쳐서 생겨난 것이라는 연구도 있고, 유럽의 홍수가 동으로 달려 우크라이나 초원을 지나 남쪽으로 가서 흑해로 유입되었으며, 지금의 보스포러스 해협이 그 흔적의 하나라는 연구도 있다. 서북미(퓨짓 사운드와 내륙), 오대호 지역 등이 홍수가 있었던 지형이다.

시베리아 바이칼호 근처에 살던 민족들도 해빙에 따른 홍수로 이때 여러 방향으로 이동했으며 우리 민족도 이때 남하했다는 설도 있다. 빙하기 바이칼호에는 따뜻한 물이 나와 여러 민족이 그 주변에 거주하였으나 해빙기의 홍수로 인해 남쪽으로 이동하였다는 연구도 있다. 그래서 한국인들은 우리 조상의 흔적을 찾아 바이칼호에 있는 알혼섬을 많이 방문한다. 시베리아 원주민들의 유전자와 한국인의 유전자 형을 분석한 결과 70%가량이 전형적인 몽골로이드의 유전형을 보인다고 한다. 시베리아 남부 지역에 사는 에벤키족은 아리랑, 쓰리랑이라는 말을 쓰는데 그 뜻은 '맞이한다'와 '느껴서 안다'라고 한다.[72] 우리 한민족은 그 뜻을 잊어버리고 쓰고 있는데 말이다.

......

71 기원전 2800년경 우르크를 지배한 왕
72 기사 : "바이칼 소수민족 '아리랑, 쓰리랑' 단어 사용", 연합뉴스, 2005. 8.14.

캐나다 몬트리올을 지나는 세인트 로렌스강

유럽과 아시아의 산맥은 주로 동서로 달리고 있어 홍수도 동서로 일어났던 반면, 서북미의 경우는 산맥이 주로 남북 방향으로 달리고 있어 미줄라 홍수도 남으로 발생했다. 북미 동부의 로렌타이드 빙하가 녹아 생긴 거대한 융수 호수였던 아가시 호수도 동쪽으로 달려 나이아가라 폭포와 미국과 캐나다의 국경인 세인트 로렌스강을 한순간에 파냈다. 워싱턴주 동부의 드라이 폴스 규모가 나이아가라의 3.5배 규모이니 미줄라 홍수의 규모를 대략 짐작할 수 있을 것 같다.

신이 내린 선물

해빙기 아이스 댐의 붕괴로 인한 미줄라 홍수로 원래 용암 지대였던 워싱턴주 동부와 컬럼비아 협곡 양안 그리고 오리건 서부 윌라멧 계곡 지역에 상당한 양의 토사가 쌓이게 되었다. 120미터 이상 높이의 미줄라 홍수는 해발 400미터 높이까지 영양분이 있는 퇴적층을 만들었다.

1년 중 평균 300일이 맑은 워싱턴주 동부는 바람이 지표면을 홍수로 생긴 황토로 지속적으로 덮어주며, 낮에는 높은 기온, 밤에는 차가운 기온으로 양질의 포도를 생산하기에 아주 적합한 땅이 되었다. 워싱턴 동부에는 현재 900개 이상의 와이너리가 있다. 와인 전문가들은 이러한 거친 토양과 기후는 미국에서 가장 독특한 떼루아를 형성하고 있는 것으로 평가한다.

워싱턴주 동부는 포도가 자라는 위도 46도에서 48도 사이에 위치하고 있다. 길고 뜨거운 여름, 적은 강우로 인해 포도를 재배하기 이상적인 기후다. 또한 밤에는 기온이 급격히 내려가 포도가 산도를 유지하게 된다.

반면 오리건주는 컬럼비아 강가를 제외하면 홍수가 모두 캐스케이드 서부에 있는 윌라멧 계곡을 덮쳐 양질의 토양을 제공하고 있어 세계적 수준의 피노누아 와인을 생산하고 있다. 오리건 지역은 프랑스에서 피노누아를 생산하고 있는 부르고뉴 지방과 위도가 같고 캐스케이드 동부에 비해 상대적으로 낮은 기온으로 피노누아 같은 까다로운 품종 재배에 아주 적합한 지역이 됐다. 오리건주는 프랑

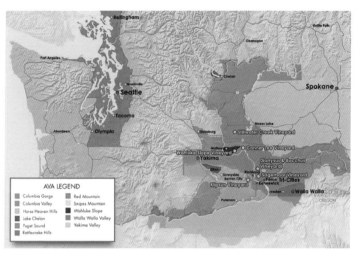

워싱턴주 와인 생산 지역(자료: Washingtonwine.org)

오리건주 킹 이스테이트 와이너리King Estate Winery

스, 뉴질랜드와 함께 세계 3대 피노누아 산지로 불린다.

한때 이마트에서도 오리건 피노누아 와인을 수입해 저렴한 가격에 한국 소비자들에게 제공하기도 했다. 당시 이마트는 한미 자유무역협정 발효 후 오리건주에 있는 유니온 와인 컴퍼니의 언더우드 피노누아를 직수입했다.[73]

2015년 가뭄으로 인해 캘리포니아주의 와인 산업이 큰 어려움을 겪었다. 워싱턴주도 가뭄을 겪긴 했지만, 캐스케이드 산맥에서 눈이 녹아 흘러내리는 물이 있고 관개 시설도 잘 되어 있어 일부 캘리포니아 와이너리가 워싱턴주의 저렴한 땅을 사들여 포도를 재배하기 시작했다. 캘리포니아 와이너리인 덕 혼Duck Horn은 이미 워싱턴주에서 와인을 생산하기 시작했다.[74]

워싱턴주의 와인은 나파밸리 와인 생산량의 약 80%에 지나지 않지만 양질의 와인으로 평가받고 있다. 일례로 2014년 프랑스 올랑드 대통령이 방미했을 때 만찬에 사용되었던 와인의 하나가 워싱턴주의 2009년산 '체스터-키더'였다.[75] 나머지는 캘리포니아 나파밸리의 2011년산 '라 프로포시옹 도레'와 버지니아주의 '티보 제니슨 브뤼'다.

오리건주의 피노누아 이외에 워싱턴주는 카베르네 소비뇽, 리슬링, 샤르도네, 메를로, 시라 와인을 많이 생산한다. 캘리포니아 와인이 인기가 많지만 워싱턴과 오리건주도 양질의 와인을 생산하고 있다.

....

73 기사: "오리건주 와인 판매가 쑥 낮춘 이마트의 혁신", 동아일보, 2013. 3.20.

74 기사: "Classic Cab Is Here Deep" The Seattle Times - Pacific NW, 2014.9.10.

75 기사: "와인 종주국 대통령 맞은 오바마 만찬때 프랑스 DNA 담긴 와인 꺼낸다", 조선일보, 2014. 2.12.

워싱턴주 왈라왈라Walla Walla에 있는 리콜L'Ecole 41 와이너리. 1915년에 세워졌던 학교가 1983년에 와이너리로 변모하였다.

안개 낀 셸란 호숫가의 와이너리

잊을 수 없는 달콤한 맛

빙하와 홍수가 만든 기름진 토양, 만년설과 뜨거운 태양, 밤과 낮의 일교차가 만든 또 하나의 걸작품이 워싱턴주 체리로 빙하기 말 홍수의 영향으로 화산암 지대에 토사가 쌓인 지역에서 생산된다. 체리 재배에는 습한 지대가 좋은데 만년설을 안고 있는 캐스케이드 산맥에서 흘러나오는 빙하수가 그 역할을 한다. 그래서 레이니어산이 지척인 야키마 지역이 천혜의 조건을 갖춘 미국 최대의 체리 주산지가 됐다.

'체리'는 체리 과일을 나타낼 뿐만 아니라 체리나무를 이르기도 한다. 때로는 벚나무과에 속하면서 체리나무의 꽃과 유사한 꽃을 가진 나무를 가리킬 때도 쓰인다. 그래서 벚꽃이 피었을 때 '체리 블러썸Cherry Blossom'이라고 부른다.

미국에서 체리 생산량이 가장 많은 곳은 워싱턴, 오리건, 아이다호, 몬태나 및 유타의 5개 주로 이곳에서 전 세계 체리 생산량의 70%인 약 240만 톤을 생산한다. 그중에서도 워싱턴주가 세계 최대의 체리 생산지이다. 워싱턴주 체리는 미국에서도 당도가 높아 과일의 다이아몬드라 불린다. 이 달콤한 맛의 레이니어 체리는 서북미를 대표하는 과일이 되었는데 와인과 더불어 빙하와 홍수가 가져다준 최고의 선물인 셈이다.

원래 체리는 지금의 터키인 소아시아 지방에서 재배되기 시작해서 유럽에 전파되었고, 미국에서는 1600년대 초 유럽 이주자들에 의해 재배되기 시작했다. 현재 체리 종류는 1,000종이 넘는데 한국에서도 가장 쉽게 볼 수 있는 체리는 적갈색을 띠는 빙Bing 체리다. 서북미 지역에서 체리를 재배하던 헨더슨 루엘링이라는 미국인이 1875년에 개발한 품종으로 그의 중국인 일꾼의 이름인 '빙'에서 이름을 따왔다.

이 적갈색의 빙 체리 외에 노란색 체리를 한국에서도 가끔 보게 되는데 이것은 일명 '노란' 체리라는 것으로 단맛의 빙 체리와 새콤한 맛의 밴Van 체리를 교배시켜 탄생한 레이니어 체리가 바로 그것이다. 이는 일반 체리보다 당도가 30% 이상 높은 고급 체리로 가격도 빙 체리보다 30% 더 비싸다. 이 빙 체리와 레이니어 체리가 5개 주 체리 생산량의 85%를 차지하며, 한국에서 수입하는 체리의 80%가 미국 5개 주에서 생산된다. 체리는 캘리포니아에서 먼저 수확되고 그 수확 시기가 점차 북상하면서 워싱턴주에서는 6월 중순부터 8월 중순까지 절정을 이룬다. 그래서 이 시기 한국의 항공사들은 시애틀에서 화물기에 다른 화물은 싣지 않고 단가가 높은 체리만을 수송하며 임시 화물편까지 동원한다. 물론 상당량의 체리는 다시 일본이나 중국으로 운송된다.

영화에서도 체리가 등장한다. 영화 〈체리향기〉의 주인공인 바그헤리는 자살하기 위해 체리나무에 밧줄을 걸다 우연히 손에 닿은 체리의 달콤한 맛을 보고 생의 기쁨을 발견한다. 나는 체리 하면 칵테일이나 케이크 위에 올려지는 한두 개의 조그만 체리를 생각했는데 레이니어 체리의 달콤만 맛을 알게 되면서 레이니어 체리에 매료됐다.

체리는 항산화 물질인 안토시아닌이 많아 암 예방과 노화 방지에 효과가 있다. 몸에 좋은 콜레스테롤인 고밀도 저단백 콜레스테롤을 높여 대사증후군을 낮춰주며, 아스피린보다 10배 높은 소염효과가 있다고 한다. 하루에 체리 10개만 먹어도 안토시아닌 하루 권장량인 12mg을 얻을 수 있다.

한여름의 햇볕을 듬뿍 받으며 자라는 체리
레이니어 체리가 알이 제일 굵고 달고 비싸다. 우리가 먹는 대부분의 체리는 진홍색의 빙
체리다.

인류의 본격적인 미주 내륙 진출

해빙과 함께 서북미에 일어났던 일은 세 가지다. 후안 데 푸카 해협이 열리면서 바닷물이 밀려들어 생긴 퓨짓 사운드 홍수, 아이다호주 샌드포인트 인근의 아이스 댐이 붕괴되면서 일어난 미줄라 홍수, 그리고 알래스카 서북부까지 진출해 있던 인류의 본격적인 미주 내륙 진출이다.

기원전 14,000년 전 인류는 서반구 대륙인 알래스카에 최초로 도착했다. 시베리아에 거주하던 일부 아시아인들이 현재도 80킬로미터에 불과한 베링해협을 해수면이 낮은 물길로 건넜다. 당시 시베리아 동북부와 알래스카 서북부는 육로로 연결되었다고 할 수 있을 정도로 얕은 바다를 이루고 있었다. 빙하기가 절정에 이르렀을 때 해수면은 지금보다 90미터나 더 낮았다.[76] 이들은 혹독한 환경을 헤치며 순록, 매머드 등의 사냥감을 쫓아 알래스카로 건너갔다. 당시 인류에게 알래스카는 시베리아의 연장에 지나지 않았기 때문에 자신들이 신세계를 발견했다는 사실을 몰랐다. 기원전 12,000년경에는 해빙이 되면서 베링해협은 다시 쉽게 건널 수 없는 넓은 바다가 됐다. 알래스카로 건너온 이들은 처음에는 빙하 때문에 북미 내륙으로 건너갈 수가 없었고, 소수의 개척자들만이 빙하를 뚫고 남쪽 내륙으로 내려갔다.[77]

기원전 12,000년경 해빙기에 인류는 남부 해안과 내륙의 두 갈래 통로를 통해

....
76   제리 데니스, 『위대한 호수』, 글항아리, 2019
77   유발 노아 하라리, 『사피엔스』, 김영사, 2016

본격적으로 북미 내륙으로 넘어왔다. 기원전 11,000년경에는 만년빙 이남까지 진출했다. 대형동물을 사냥하는 데 적응이 되었던 이들은 곧 다양한 기후와 생태계에 적응했다. 이들은 기원전 10,000년 이전에 남미 최남단인 티에라 델 푸에고 제도까지 이르렀다.[78]

해빙기 홍수와 관련해 살리쉬 원주민들의 전설을 제3부의 「스카치 브룸과 블랙베리의 싸움」과 제4부의 「악명 높은 체임버스 베이」에서 설명한 바 있다. 현재 앵커리지 동부에 거주하는 알래스카 원주민의 한 부류인 추가치Chugachi족에서도 해빙기의 전설이 전해지고 있다. 추가치족은 해빙이 되면서 특이한 현상을 봤다. 산은 항상 빙하로 덮여 있었는데 어느 날 산 정상에 눈이 사라지는 현상을 보게 됐다. 추가치족은 새롭고 놀라운 현상을 보기 위해 "빨리빨리" 가 보자고 외쳤다. 그 빨리빨리를 "추가추가"라 외쳤고 그래서 그 부족을 추가치라고 부른다는 것이다. 이 추가치 부족의 이름을 들었을 때 나는 혹시 추가치의 '치'가 몽골어의 사람을 뜻하는 치가 아닌가 생각도 해 봤다. 우리말에도 그 흔적이 남아 있는 장사치, 벼슬아치, 갓바치 할 때의 몽골어 '치' 말이다.

지질학적인 연구뿐만 아니라 앞서 언급하였던 클라람, 퀼라유트, 살리쉬, 추가치 부족 등 원주민들의 전설을 통해서도 과거 지리나 지질의 역사를 일부 엿볼 수 있다. 원주민들의 전설을 단지 전설로만 치부할 수 없다는 생각이 든다. 단적인 예로 인류는 해빙기 이전에 이미 북미 내륙 특히 퓨짓 사운드 지역에 거주하고 있었고 해빙기에 퓨짓 사운드에 홍수가 있었다는 점은 알부투스 나무에 관한 살리쉬 부족의 전설과 체임버스 베이의 지질을 통해서 충분히 설명되고 있다.

....

78 Alan Brinkley, 2015, 『The Unfinished Nation, A Concise History of the American People』, McGraw Hill Education, 3

미국은 크리스토퍼 컬럼버스가 1492년 10월 12일 지금의 바하마 군도에 도착한 날을 기념해 컬럼버스 데이를 연방 법정 공휴일로 지정하고 있다. 그러나 최근 수십 년 동안 컬럼버스 데이는 상당한 논란을 빚고 있다. 아메리카 원주민을 중심으로 사회 일각에서는 컬럼버스가 아메리카 대륙을 발견했다는 주장에 반대하는 목소리가 높아지고 있다. 그들은 아메리카 대륙을 최초로 발견한 공로를 인정받아야 할 주체는 컬럼버스가 아니라 아메리카 원주민이라고 주장한다. 시민들은 주 정부와 지방 정부에 아메리카 원주민의 날을 정식으로 지정하거나 컬럼버스 데이를 아메리카 원주민의 날로 대체할 것을 청원했다. 그 결과 일부 학교들이 컬럼버스 데이 교육 과정에 아메리카 원주민에 관한 내용과 유럽인과의 접촉에 따른 영향을 포함시키기 시작했다. 현재 일부 주에서는 컬럼버스 데이와 아메리카 원주민의 날이라는 명칭을 동시에 사용하고 있고 그 외의 주들은 아메리카 원주민의 날을 별도로 지정하고 있다. 사우스다코타주는 토착민을 기리는 뜻에서 공식적으로 컬럼버스 데이를 아메리카 원주민의 날로 대체했다.[79]

2013년 뉴질랜드 정부가 마오리족에 대한 학대 과거사에 대해 공식 사과하였고, 2018년 뉴질랜드 성공회도 과거 마오리족의 땅을 정부에 양도한 사건과 관련해 마오리족에 사과하고 공생을 모색하고 있다. 미국도 원주민들과 공생을 모색하고 나아가 유색인들과도 공생과 화합을 모색한다면 이 세상은 더 살기 좋은 세상이 될 것이다.

....
79　주한미국대사관 및 영사관 웹사이트

추천사

박은주 조선일보 크리에이티브 에디터

"시애틀에는 '스타벅스 1호점' 말고도 좋은 커피집이 많아. 탑 팟, 비바체 에스프레소… 그런데 시애틀에 왜 이렇게 커피집이 많은지 궁금하지? 그건 말야…" 책이 이렇게 이야기를 시작한다. 커피에서 시작해 그걸 마시게 하는 기후를 말하고, 그 옛날 시애틀에 빙하가 있었다고 말해 준다. '맛집책'이 '지리학책'보다 재미있는 건 확실하지만, 그 땅과 사람들, 문화, 음식을 조곤조곤 전부 얘기해 주는 책이 점점 사라져 가는 것은 아쉽다. 저자가 아시아나항공 시애틀 지점에서 오래 근무하면서 미국 서북부의 문화, 자연의 전문가가 되어 있어 놀랐다. 그 놀라움들이 이 책 한 권을 만들었다.

윤태호 〈미생〉 작가

점령군처럼 목적지마다 깃발을 꽂아 가며 질주하는 여행은 목적을 이루고 나면 스스로에게 남는 것이 별로 없다. 가는 것이 목적이었으니 무엇이 남겠는가. 경험이 늘 보람이 되고 즐거움과 행복이 되는 것은 아니다. 경험은 축적되어야 깊어지고 자주 되새겨야 높은 값이 된다. 축적되기 위해서는 머물러야 하며 되새기기 위해서는 그곳을 사랑하여야 한다. 김태엽 형은 시애틀에 오래 머물며 깊어지고 사랑하게 되었나 보다. 형과의 시애틀 이야기는 잡담으로 이뤄지지 않는다. 마치 시애틀과의 깊은 연애담인 듯 설레이며 그득하게 이야기한다. 형 같은 여행을 떠나고 싶다. 그리고 그곳에 머물고 싶다.

라종억 통일문화연구원 이사장

저자의 여행기는 마치 조선 전기의 문신인 『최부』의 '표해록'을 읽는 듯한 자연사랑의 기록기이다. 인문과 기록의 상상력이 한껏 담긴 한 편의 여랑소상旅浪素想이다.

손관승 인문여행작가, 전 iMBC 사장

인문지리학에서 요즘 강조되는 용어로 '토포필리아'라는 단어가 있다. 특정한 장소에 대한 강한 유대감과 열정을 뜻한다. 저자는 아시아나항공 시애틀 지점장으로 근무하며 미국 서북부 자연의 매력과 라이프스타일의 변화에 푹 빠져 두 발로 그 생생한 모습을 기록하였다. '제3의 공간' 개념을 활용한 스타벅스와 온라인 유통 혁명을 일으킨 아마존이 탄생한 곳도 시애틀이다. 여행 인문학의 세계로 초대한다.

윤찬식 주코스타리카 대한민국 대사

아름다운 중독자가 되어 버린 저자의 시애틀 사랑과 서사에 나도 모르게 환호하고 만다. 지금, 여기, 그리고 어디에나 있어야 하는 감추어진 유토피아Pantopia에 대한 갈증과 동경 때문일까. 어쩌면 자연과 인간 간의 연결고리는 생명이 아닐까. 기후 위기로 가슴이 아리는 시대에, 사냥꾼 같은 집요함과 부엉이 같은 눈매로 생명의 현장을 샅샅이 파헤치는 그의 카메라를 오늘도 뜨겁게 응시한다. 빨려 들어가는 기분으로.

시애틀은 우산을 쓰지 않는다

2020년 12월 2일 1판 1쇄
2021년 2월 15일 1판 2쇄

지은이 김태엽
펴낸이 김철종

인쇄제작 정민문화사

펴낸곳 노란잠수함
출판등록 1983년 9월 30일 제1 - 128호
주소 서울시 종로구 삼일대로 453(경운동) 2층
전화번호 02)701 - 6911 **팩스번호** 02)701 - 4449
전자우편 haneon@haneon.com **홈페이지** www.haneon.com

ISBN 978-89-5596-887-3 03900

이 도서의 국립중앙도서관 출판예정도서목록(CIP)은 서지정보유통지원시스템
홈페이지(http://seoji.nl.go.kr)와 국가자료공동목록시스템(http://www.nl.go.kr/kolisnet)에서
이용하실 수 있습니다.(CIP제어번호: CIP2019048120)